Bertolt Brecht

ro
ro
ro

rowohlts monographien
begründet von Kurt Kusenberg
herausgegeben von Wolfgang Müller
und Uwe Naumann

Bertolt Brecht

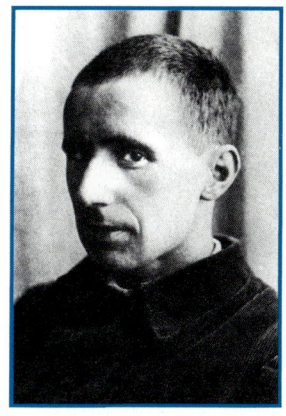

Dargestellt von Reinhold Jaretzky

Rowohlt Taschenbuch Verlag

Umschlagvorderseite: Bertolt Brecht, 1927.
Foto von Konrad Reßler
Umschlagrückseite: Brecht und Paul Dessau, 1955
Brecht in seinem alten Ford, 1936

Seite 3: Bertolt Brecht, 1930
Seite 7: Bertolt Brecht, 1931

Originalausgabe
Veröffentlicht im Rowohlt Taschenbuch Verlag,
Reinbek bei Hamburg, Juli 2006
Copyright © 2006 by Rowohlt Verlag GmbH,
Reinbek bei Hamburg
Dieser Band ersetzt die 1959 erschienene Ausgabe
von Marianne Kesting
Umschlaggestaltung any.way Wiebke Jakobs,
nach einem Entwurf von Ivar Bläsi
Redaktionsassistenz Katrin Finkemeier
Reihentypografie Daniel Sauthoff
Layout Gabriele Boekholt
Satz PE Proforma *und* Foundry Sans *PostScript,*
QuarkXPress 4.11
Gesamtherstellung Clausen & Bosse, Leck
Printed in Germany
ISBN 13: 978 3 499 50692 5
ISBN 10: 3 499 50692 0

INHALT

«Mein Name ist eine Marke»

Der junge Mann betrat die literarische Bühne als Unverwechselbarer. Seine Erkennungszeichen waren «jene ewige Mütze, die in der Unterwelt üblich war, auf seinem Kopf, nach vorn geschoben, eine Jacke aus schäbigem Leder und eine enorme Zigarre»[1]. Er bevorzugte ungepflegt wirkende Kleidung und liebte zerbeulte Cordhosen, dazu kamen der Dreitagebart und ein stets wahrnehmbarer Körpergeruch. Magische Wirkung bescheinigten Zeitgenossen auch der Physiologie des spindeldürren Dichters: der «asketische Schädel», das in die Stirn gekämmte kurz geschnittene Haar, das an die Büsten römischer Kaiser erinnert, die Adlernase, «der schmallippige Mund», die «dunklen Knopfaugen».[2] Brechts Aussehen war Teil eines Images, das er kontrollierte und lenkte und das er jenseits, ja gegen die noch vorherrschende Rolle des Dichters als weltabgewandten Poeten und bürgerlichen Feingeist entwarf: Als *Proletarier* und *konservativer Anarchist*[3] sah er sich, aus Seide ließ er sich die mausgrauen Arbeiteranzüge anfertigen und aus Titan die den billigen Kassengestellen nachempfundene Brille. Im Zentrum dieser rätselhaften Selbstinszenierung steht der Mensch Brecht. Ein «wunderliches Gemisch aus Zartheit und Rücksichtslosigkeit, von Plumpheit und Eleganz, von wüstem Geschrei und empfindlicher Musikalität»[4], so beschrieb ihn Lion Feuchtwanger. Brecht litt früh unter seiner Hässlichkeit, doch er bäumte sich stärker noch dagegen auf, schlug aus seinem Trotz Kapital, triumphierte in seinem Tagebuch: *[...] ich laufe wieder auf dem Randstein, schneide Grimassen, pfeife auf die Wirkung, grinse, daß man die faulen Zähne sieht. So bin ich, freut euch! Häßlich, frech, neu-*

geboren [...].[5] Sein Habitus und Auftritt stützten sich auf ein ausgeprägtes und unerschütterliches Selbstbewusstsein, das allen politischen und gesellschaftlichen Widrigkeiten standhielt. Schon der achtzehnjährige Brecht wusste, er könne *Theaterstücke schreiben, bessere als Hebbel, wildere als Wedekind*[6]. Erfolg überraschte ihn nicht, er forderte ihn ein. Mitten in der Brecht-Mode der zwanziger Jahre ist er überzeugt, *daß die Brechthausse ebenso auf einem Mißverständnis beruht wie die Brechtbaisse, die ihr folgen wird.* In der Zwischenzeit liege er *ziemlich ruhig in der Horizontalen, rauche und verhalte [sich] ruhig*.[7] Fotografien belegen seine Selbstinszenierung: der Dandy mit Lederjacke, der Literaturrebell zusammen mit dem Boxer Paul Samson-Körner, der Dichter mit seinem Team von Freunden und Mitarbeitern. Letztere ist eine Aufnahme für die Zeitschrift «Uhu», deren kalkulierte Wirkung Brecht so beschreibt: *Ich selber arbeite fast alles mit anderen zusammen, ließ also den Photographen zu einer Zeit kommen, wo ich das Zimmer voll hatte, wenn auch nicht gerade zum Arbeiten.* Dabei hätten sie sich entschlossen, *so zu tun, als wüßten wir, daß wir photographiert werden*.[8] Nicht der au-

Brechts Wohnung in der Spichernstraße, Mitte der zwanziger Jahre. Am Piano Paul Samson-Körner, an der Schreibmaschine Elisabeth Hauptmann

thentische Eindruck zählt, sondern die Präsentation eines neuen Typs von Autor, der die Höhenluft der Ästheten eingetauscht hat gegen die komplexe Praxis der Kunstproduktion: von der Textwerkstatt, in der kreative Kollektive Vorlagen, Ideen, Geschichten er- und verarbeiten, über die Propagierung und stetige Weiterentwicklung einer literarästhetischen und dramaturgischen Programmatik bis hin zu einem Management, das in Produktion und Marketing eingreift. *Mein Name ist eine Marke, und wer diese Marke benutzt, muß dafür bezahlen!*[9], verkündet er. Seine Markenwaren waren seine Texte, ob beleidigende Kritiken, anzügliche Songs oder wüste Dramen, denen er Originalität zu verleihen verstand und deren ungewöhnlichen sprachlichen Ton er etwa im Fall von *Dickicht* nach folgender Rezeptur erreichte: *Ich stellte Wortmischungen zusammen wie scharfe Getränke, ganze Szenen in sinnlich empfindbaren Wörtern bestimmter Stofflichkeit und Farbe. Kirschkern, Revolver, Hosentasche, Papiergott: Mischungen von der Art.*[10] Zielte das Theater seit jeher auf Emotionen, dann beharrte Brecht auf Kälte und Objektivität, denn *das Gefühl ist Privatsache und borniert*[11]. Mit dieser Maxime eroberte er auch das Terrain der Liebeslyrik, deren verbrauchter Stilkunst er mit trockenem Realismus seinen Brecht'schen Ton entgegenstellte. Ob im *Lied von der verderbten Unschuld beim Wäschefalten* oder im *Sonett über einen durchschnittlichen Beischlaf*: Er etablierte darin einen ebenso unpathetischen wie antirhetorischen Ton, der aufhorchen ließ. Waren seine Texte Markenartikel, so mussten sie sich gegen andere Markenartikel eintauschen lassen. Dieser Logik folgend bat Brechts Mitarbeiterin Elisabeth Hauptmann 1926 die großen Autofirmen zunächst erfolglos, dem Dichter ein Reklameauto zur Verfügung zu stellen. Zwei Jahre später gelang dann der Tausch des Brecht-Gedichtes *Singende Steyrwägen* gegen ein nagelneues Steyr-Automobil. Als das Auto vier Monate später durch einen Unfall zum Totalschaden wurde, rekonstruierte der nur leicht verletzte Dichter das Unfallgeschehen in der Zeitschrift «Uhu» in Wort und Bild, lobte den Hersteller für die Robustheit seiner Fahrzeuge und publizierte auf diese Weise den ersten Crash-Test der Geschichte. Steyr dankte dem Dichter die PR-Aktion mit einem fabrikneuen Auto. Es amüsierte Brecht, dass Kollegen solchen Handel als unwürdig ablehnten. Er genoss den Erfolg und scheute auch unternehmerisches En-

Brecht posiert vor seinem Steyr-Kabriolett, Ende der 1920er Jahre

gagement nicht. Die multimediale Auswertung der *Dreigroschenoper*-Songs auf der Bühne, im Radio, im Film und auf Schallplatte führten bereits zu beeindruckenden Gewinnen. Es gelang Brecht darüber hinaus, den medialen Stellenwert des Dreigroschenwerks durch den «Dreigroschenprozess» zu steigern, in dem er, von großer publizistischer Aufmerksamkeit begleitet, gegen Nero-Film klagte, um den Prozess gegen eine Entschädigung von 25 000 Reichsmark abzubrechen und den Vorgang literarisch zu dokumentieren. Damit hatte die Marke Brecht über Boulevard und Feuilleton hinaus auch in der Welt der Wirtschaft auf sich aufmerksam gemacht, während der Autor begann, die Mechanismen des Kapitalismus vom Standpunkt klassenkämpferischer Gegnerschaft aus zu analysieren.

Kindheit und Jugend
eines Sonderlings

Was treibt einen wohl behüteten Knaben aus bürgerlichem Milieu in einer bayerischen Provinzstadt dazu, in die Rolle eines aufsässigen, zynischen Dichters zu flüchten und den bürgerlichen Konventionen den Kampf anzusagen? Diese Frage drängt sich auf angesichts einer familiären Kindheit, die kaum getrübt erscheint. Der Vater Berthold Friedrich Brecht ist kaufmännischer Angestellter der Haindl'schen Papierfabrik, als Berthold Brecht am 10. Februar 1898 in Augsburg zur Welt kommt. Er ist ein sozialer Aufsteiger, der, aus einfachen Verhältnissen stammend und nur mit einem Volkschulabschluss in der Tasche, bald schon zum Prokuristen und schließlich zum leitenden Direktor des Unternehmens befördert wird. Brecht verlebt seine Kindheit und Jugend in einer Sechs-Zimmer-Wohnung der Haindl'schen Stiftungshäuser für Betriebsangehörige am Rande der Stadt. Einen ernsthaften Vater-Sohn-Konflikt gibt es nicht. Der Sohn bewundert den Vater, auch dessen Karriere, die er später in einer Ode folgendermaßen besingt: *Vorausschauend und kühn kämpft er sich vorwärts. / Alles verdankt er sich selbst; nichts ward ihm geschenkt.*[12] Brecht wächst auf in familiärem Einverständnis. Der so-

Der Vater Berthold
Friedrich Brecht

ziale Stolz ist unverkennbar, wenn er später in einer autobiographischen Notiz vermerkt, er sei geboren *als Sohn eines Fabrikdirektors*[13]. Tatsächlich bekleidete der Vater diese Position erst neunzehn Jahre nach Brechts Geburt. Auch dessen konservative Grundhaltung – die «Schwäbische Volkszeitung» aus Augsburg zählt ihn zu den Direktoren, die «den Betriebsräten besonders feindlich»[14] gegenüberständen – stört die familiäre Harmonie nicht. Zu Hause lässt Berthold Friedrich Brecht die denkbar größte Toleranz walten. Zwar verfügt er über keinerlei musische Bildung, im Hause Brecht gibt es nur wenige Bücher, doch der Sohn darf seine künstlerischen Neigungen ungehindert ausleben. Im Elternhaus steht ihm dafür der «Zwinger», eine sturmfreie Dachkammer, zur Verfügung, wo er sich mit literarisch interessierten Schulkameraden trifft und mit ihnen ungezügelt feiert. Die Unterstützung des Sohnes, für den der Vater sich im Stillen einen bürgerlichen Beruf ersehnt, geht so weit, dass er eine Sekretärin anweisen wird, das für seine Zeit durchaus anstößige Drama *Baal* in Reinschrift zu tippen. Die rebellische Subkultur Brechts entfaltete sich somit eher im Schutze des Familienoberhaupts als in der Konfrontation mit ihm. Auch die Mutter Sophie Brecht, die sich mit ihrer Freude an Gesang und populärer Poesie ein wenig näher an den künstlerischen Interessen Brechts wähnen darf, ist allenfalls auf den guten Ruf in der

Die Mutter
Sophie Brecht,
geb. Brezing,
mit ihren beiden
Söhnen Walter
(links) und Berthold

Nachbarschaft bedacht, der durch Allüren und auch verbale Eskapaden des Sohnes in Gefahr gerät: *Meine Mutter sagt jeden Tag: Es ist
ein Jammer / Wenn ein erwachsener Mensch so ist / Und so etwas sagt,
wo ein anderer Mensch nicht an so etwas denkt [...].*[15] Ihrer Anerkennung, ja ihres Stolzes war Brecht sich stets sicher.

Auch die Schule liefert keinen Hinweis darauf, was den privi-
legierten Prokuristensohn Brecht in die antibürgerliche Aufsässig-
keit treibt. Eher unauffällig durchläuft er die evangelische Schule,
findet gar Gefallen am Bibelunterricht. Jahre später schwärmt er
in seinem Tagebuch: *Sie ist unvergleichlich schön, stark, aber ein böses
Buch. Sie ist so böse, daß man selber böse und hart wird, und weiß, daß
das Leben nicht ungerecht, sondern gerecht ist, und daß das nicht ange-
nehm ist, sondern fürchterlich.*[16] Und noch später antwortet er auf die
Frage nach seinem stärksten Bucheindruck: *Sie werden lachen: die
Bibel.*[17] 1908 wechselt er zum Augsburger Königlich Bayerischen
Realgymnasium, das er artig, ruhig, mit besonderer Begabung für
den Schulaufsatz absolviert. Als 1914 der Krieg beginnt, herrscht
im Hause Brecht deutschnationale Kriegsbegeisterung. Und Sohn
Berthold, der inzwischen Beiträge für die «Augsburger Neuesten
Nachrichten» publiziert, stimmt freudig ein in den Lobgesang auf
den Kaiser: *Steil. Treu. Unbeugsam. Stolz. Gerad. / König des Lands /
Immanuel Kants.*[18] Die äußeren Voraussetzungen also deuteten auf
eine konformistische Karriere.

Für die Persönlichkeitsbildung Berthold Brechts ist allerdings
eine Tatsache von Bedeutung, die erst spätere Untersuchungen an-
gemessen erforscht und bewertet haben: eine Herzneurose, unter
der er von früher Jugend an bis an sein Lebensende litt. Im ersten
Tagebucheintrag des Fünfzehnjährigen heißt es: *Habe wieder Herz-
beschwerden.*[19] Einen Tag später: *Wenn ich nur gesund werde.*[20] Und
drei Tage später notiert er erneutes starkes Herzklopfen: *So stark,
daß ich zu Mama ging. Es war schrecklich.*[21] In einem späteren Brief
an Arnolt Bronnen heißt es: *[...] in meinem dreizehnten Lebensjahr erzielte ich durch Verwegenheit einen nachweisbaren Herzschock [...].*[22]
Dokumentiert sind wochenlange Kuraufenthalte des erst Zwölf-
jährigen. Was Brecht selbst in vorgeblicher Fachterminologie als
Herzschock oder auch *Herzkrampf*[23] bezeichnet, ist das Erlebnis
einer Neurose, die sich in Panikattacken und Todesängsten artikuliert und möglicherweise in einer symbiotischen Mutterbezie-

hung eine Erklärung findet. Es gehört zur Persönlichkeit Brechts, dass er sich der über ihn hereinbrechenden Angst nicht ohnmächtig unterwirft, sondern sie verdrängt und durch betonte Aktivität kompensiert. Von klein auf entwickelt Brecht eine Abwehrstrategie, die sich in «demonstrativer Großmannssucht und in Potenzphantasien»[24] manifestiert. Die Angst, so zeigt Carl Pietzcker in seiner Studie[25], soll durch erzwungene Überlegenheit besiegt werden, wofür die Tagebücher eine Fülle von Belegen liefern. So notiert der Achtzehnjährige im Oktober 1916, nachdem er sich seines literarischen Talents aufschneiderisch versichert hat: *Jetzt werde ich gesünder. Der Sturm geht immer noch, aber ich lasse mich nimmer unterkriegen. Ich kommandiere mein Herz. Ich verhänge den Belagerungszustand über mein Herz.*[26] Am nächsten Tag muss er zwar zynisch verbrämt eingestehen, dass die Angst nicht besiegt ist: *Heute Nacht habe ich einen Herzkrampf bekommen, daß ich staunte, diesmal leistete der Teufel erstklassige Arbeit.*[27] Doch gleich darauf bietet er dem Schwächeerlebnis mit erhöhter Kraftmeierei die Stirn: *Ich bin schon etwas verdorben, wild und hart und herrschsüchtig. [...] Wenn ein Mann richtig lebt, lebt er wie im Sturm, den Kopf in den Wolken, mit wankenden Knien, im Finstern, lachend und kämpfend, stark und schwach, oftmals besiegt und nie unterworfen.*[28] Offensichtlich sucht Brecht sich in der Rolle des Haudegens, die seiner zarten, kränkelnden Natur entgegensteht, eine gesicherte Position, von der aus er seine Ängste unter Kontrolle halten und dem früh erworbenen «Urmißtrauen»[29] entgegentreten kann. Eingeübt wird so eine Haltung der Kühle und Distanz, die ihm zu einer dritten Natur werden sollte. Der junge Dichter, der sich spöttisch lächelnd über die schreibenden Zeitgenossen erhebt, auch der Augsburger Bohemien, der sich durch provokante Eskapaden eine kraftspendende, furchtabwehrende Sonderstellung schafft, unternimmt damit Versuche, sich mit einem früh erworbenen Seelenproblem zu arrangieren. In den zwanziger Jahren wird der Kritiker Julius Bab aus der reinen Beobachtung feststellen, dass «die Brechtsche Gewaltsamkeit [...] zum mindesten ihrer Entstehung nach ein künstlich groß gezüchtetes Gegengift gegen sehr weiche, sehr reizbare, sehr widerstandsschwache Nerven sein»[30] dürfte. Es gibt deutliche Hinweise, dass Brecht seine Ängste auch durch das Schreiben zu bändigen suchte. Seine Skepsis gegenüber Emotionen, die sich unter anderem in seiner Ablehnung des «Illusionstheaters» artikuliert, reicht bis in seine Kindheit zurück und steht in deutlichem Zusammenhang mit der Herzphobie. So habe er schon früh Bachs «Matthäuspassion» nicht ertragen, *da ich den Stupor verabscheute, in den man da verfiel, dieses wilde Koma*[31]. Explizit spricht Brecht die Furcht aus, eine solche Kunst *könnte meinem Herzen schaden* und *Gefühlsverwirrung* hervorbringen.[32] Es liegt nahe, dass auch in das Konzept des epischen Theaters, das das emotionale Erlebnis in Grenzen zwingt, die fragile Persönlichkeit Brechts eingegangen ist.

Für seine dritte Natur, die er sich mit der Rolle des arroganten und kaltschnäuzigen Jungdichters auferlegt hat, schafft er sich jenseits von Schule und Familie eine eigene Subkultur. Ihr Zentrum ist die elterliche Dachkammer, wo er sich mit literarisch interessierten Schulkameraden, darunter dem späteren Bühnenbildner Caspar Neher, trifft. Brecht ist der unbestrittene Chef der Clique. Er hat «immer den Ton angeben, immer jemanden kommandieren»[33] wollen, erinnert sich ein ehemaliger Nachbarsjunge. Bereits hier im «Zwinger» entwickelt Brecht auch jene Techniken des kollektiven Arbeitens, die er zeitlebens beibehalten wird. Texte werden zur Diskussion gestellt, kritisiert, geändert. Und der Autor Brecht nimmt Anregungen auf, arbeitet fremde Texte in eigene Arbeiten ein. Nachts zieht die Gruppe mit Lampions durch die Stadt, hält nach Mädchen Ausschau und schockiert brave Augsburger Bürger. Tagsüber frisst der angehende Dichter Literatur in sich hinein. Er ist zunächst ein Allesleser, er verschlingt Schundromane seiner Zeit und die Bibel, Krimis und Karl May, dessen Rezeptionsspuren sich bis in die späteren Werke Brechts verfolgen lassen.[34] Ohne Anleitung arbeitet er sich in die Literaturgeschichte hinein; schon früh kennt er die Dramenproduktion seiner Zeit von Gerhart Hauptmann, Frank Wedekind bis Bernard Shaw und August Strindberg. Er ist vertraut mit Shakespeare und Büchner, und er schätzt poetische Außenseiter, die zu Vorbildern werden, wie François Villon, Arthur Rimbaud und Paul Verlaine, deren Nähe zu Lebensrausch und Lebensgier ihm gefallen haben dürfte. Er dilettiert auch als Theoretiker mit gewagten Verallgemeinerungen, nach denen das Rezept für Kunst darin bestehe, *Naturwahrheit und Idealismus zu verschmelzen*[35].

Brecht beginnt seine literarische Tätigkeit als Fünfzehnjähriger mit Arbeiten, die er zum Teil in der Schülerzeitung «Die Ernte» veröffentlicht. Darunter sind böse Satiren auf seine Mitschüler, das Drama *Die Bibel*, eine Absage an religiöses Märtyrertum, sowie etwa achtzig vorwiegend düstere, um Tod und Einsamkeit kreisende Gedichte, die in wenigen Monaten entstehen. Mit Beginn des Krieges 1914 beliefert er die «München-Augsburger Abendzeitung» sowie die «Augsburger Neuesten Nachrichten» mit Beiträgen, in denen er aus seiner Kriegsbegeisterung keinen Hehl macht. Willig unterwirft sich der frühreife Zeitbetrachter darin politischen und auch kirchlichen Autoritäten: *Wir alle, alle Deutschen fürchten Gott und sonst nichts auf der Welt.*[36] In der eigenen Familie verschafft er sich damit Respekt, und man begegnet seinem dichterischen Talent mit Stolz. Während er den Krieg als *Sturmsinfonie unserer Zeit*[37] feiert, geht er, im Unterschied zu seinen Kameraden, dem militärischen Abenteuer aus dem Wege. Sein niemals objektiviertes Herzproblem bewahrt ihn bis kurz vor Kriegsende vor der Einberufung. Als Siebzehnjähriger kommen dem jungen Autor Zweifel an der kriegerischen Mission. In einem Schulaufsatz wertet er den Horaz-Vers, dass es süß und ehrenvoll sei, fürs Vaterland zu sterben, als Zweckpropaganda; die Verteidiger dieses blutigen Patriotismus bezeichnet er, und begeht dabei wissend ein Sakrileg, als *Hohlköpfe*[38]. Von dieser Provokation an, die fast zur Relegation führt, verabschiedet Brecht sich vom politischen Konformismus. Seine Veröffentlichungen zeichnet er von nun nicht mehr mit dem bis dahin benutzten Pseudonym Berthold Eugen, sondern mit Berthold Brecht. In diese Wende fällt auch sein *Lied der Eisenbahn-*

DANKGOTTESDIENST
Siegsonntag! Es rauscht der Freude Meer –
Die Orgel braust so trunken schwer
Über der Kanzel jahrhundertgeheiligter
    Pracht
Glänzt golden und lacht
Ein Sonnefunkeln her.
Siegsonntag!
Viel hundert Gesichter schauen empor
Verklärt von der Freude Gold.
Viel hundert Stimmen erbrausen im Chor
Wie das stürmt und jauchzt, wie wenn es
    empor
Zum Himmel sich schwingen wollt.
Sieg, Sieg! Das ist's was die Orgel rollt.
Sieg, Sieg! Das ist's was die Sonne lacht.
Wie Völkersturm rauscht es empor mit
    Macht:
Sieg! Sieg und Sieg vertausendfacht
Als ob es der Himmel erstürmen wollt.
Siegsonntag!

Berthold Brecht, 1914

truppe von Fort Donald[39], das er später in die Gedichtsammlung *Hauspostille* aufnehmen wird und das somit als einer der frühesten Texte gelten kann, zu dem sich der Dichter bekennt.

In die Welt der Weiblichkeit, die in seinem Leben wie in seiner Lyrik eine so herausragende Stellung einnehmen wird, begibt er sich bereits als Schüler. Eigenen Angaben zufolge holt er sich die dafür nötigen Kenntnisse bei einer Prostituierten in der Augsburger Hasengasse. Dann beginnt der Reigen seiner Geliebten, der bis zu seinem Tod nicht mehr abreißen wird. Brecht verliebt sich in Käthe und Franziska, die Buchhändlerinnen, in Sofie, die Tochter der Milchfrau, ärgert sich über die Friseurstochter Rosemarie, die ihn nicht erhört, und klagt: *Was sind 100 Möglichkeiten gegen eine Unmöglichkeit?*[40] Später, als sie ihm zugänglich wird, verdächtigt er sie der gefährlichen *Vermehrungssucht*[41], während er der langjährigen Geliebten Bi, deren Regel ausgeblieben war, gesteht: *Die stärksten Männer haben Angst vor kleinen Kindern.*[42] Im Umgang mit ihm nahe stehenden Frauen entwickelt Brecht von Beginn an ein Verhaltensmuster, das ihm von Biographen später gern als Macho-Allüre angelastet wird: Er bestimmt die Regeln des Zusammenseins, beharrt auf der Rolle des überlegenen Spielers. Man darf dieses Kontrollverhalten allerdings auch als Versuch verstehen, die eigenen Emotionen in Schach zu halten und dem Verlassenwerden, einer aus seiner Mutterbindung erwachsenen Furcht, begegnen zu können, denn: «Wer selbst weggeht, kann nicht verlassen werden.»[43] Seine Angst vor persönlicher Nähe, die sich in seinem lakonisch-kühlen Umgangston wiederfindet, hat er in einem seiner berühmtesten Gedichte zugespitzt: *In meine leeren Schaukelstühle vormittags / Setze ich mir mitunter ein paar Frauen / Und ich betrachte sie sorglos und sage ihnen: / In mir habt ihr einen, auf den könnt ihr nicht bauen.*[44] Sieht man von einer moralischen Qualifizierung ab, ist Brechts Verhältnis zu Frauen Teil einer auf Distanz bedachten Verhaltensstrategie, die seine Persönlichkeit durchgängig bestimmt und die sich nicht zuletzt auch in der hohen sprachlichen Artistik seines Werkes wiederfindet.

1917 beendet Brecht das Gymnasium mit einem kriegsbedingten «Notabitur» und schreibt sich im Oktober an der Philosophischen Fakultät der Ludwig-Maximilians-Universität in München ein. Er betrachtet den akademischen Betrieb als Chance, sich geistig vor allem im Rahmen der philosophisch-naturwissenschaftlichen Vorlesungen zu orientieren und anregen zu lassen. Als im Frühjahr 1918 die Einberufung droht, der er sich trotz reklamiertem Herzfehler nicht mehr entziehen kann, schreibt er sich für das Medizinstudium ein. Es lockt ihn die Aussicht, im Ernstfall als Sanitäter und nicht als Frontsoldat tätig werden zu müssen, da er *lieber Füße und dergleichen sammeln als verlieren*[45] wolle. Tatsächlich wird er, als er im Oktober eingezogen wird, als Sanitätssoldat verpflichtet. Drei Monate verbringt er auf der «Tripperstation», einem Augsburger Reservelazarett, in dem vor allem Geschlechtskrankheiten behandelt werden. Die Fronterlebnisse der Soldaten bestärken ihn in seiner Kriegsgegnerschaft und inspirieren ihn zur *Legende vom toten Soldaten*, einer gespenstischen Satire auf Durchhaltefanatiker, die selbst halb verweste Soldaten wieder in den Krieg schicken möchten. Die Ballade wurde zum politischen Ärgernis in der Weimarer Republik; das Landesjugendamt Karlsruhe nahm sie zum Anlass, um gegen Brecht gerichtlich vorzugehen, die Nationalsozialisten setzten Brecht wegen dieses Gedichts bereits 1923 auf ihre schwarze Liste und begründeten damit später seine Ausbürgerung.

Nicht nur politisch, auch literarisch bezieht Brecht inzwischen kritische Positionen. Dem zeitgenössischen Theater, wie er es in Augsburg erlebt, wünscht er polemisch die Schließung *aus künstlerischen Gründen*[46]. Mit ausgeprägtem Überlegenheitsbewusstsein besucht er in München Übungen in Literatur- und Theaterkritik, die von Artur Kutscher, einem Fachmann für zeitgenössische Literatur, abgehalten werden. Die Universitätsveranstaltung bietet ihm die willkommene Öffentlichkeit für eine wüste Attacke gegen den Roman «Der Anfang» von Hanns Johst. Wohl nicht ohne Eifersucht auf den Erfolg dieses Dramatikers rechnet Brecht im Gewand der akademischen Einlassung vernichtend mit Johst und dessen expressionistischem Umfeld ab und kündigt kühn eine eigene Komödie an, den späteren *Baal*, ein Gegenprojekt zur modernen Literatur, die ihn *mit Widerwillen erfüllt* und der gegenüber er auftrumpft: *[…] ich stelle mich auf meine Füße und spucke aus und habe das Neue satt und fange mit dem Arbeiten an und dem ganz Alten, mit dem 1000mal Erprobten und mache, was ich will […]*.[47]

Trotz Studium in München, das er nach der Entlassung aus dem Militärdienst eher halbherzig wieder aufnimmt, bleibt die Mansarde in der Augsburger Bleichstraße sein Hauptwohnsitz. Hier trifft er seine Clique, hier feiert er sich augenzwinkernd als Dichter: mit einer Lebendmaske des eigenen Kopfes an der Wand, einer aufgeschlagenen Tristan-Partitur auf einem Notenpult und einem großformatigen Porträt des syrischen Erdgottes Baal. Zur Klampfe singt er seine Lieder von *ungemeiner Gemütstiefe und ungesunder Rohheit*[48]. Das *Lied der Galgenvögel* etwa, eine Parodie auf die bürgerliche Ehe, oder das *Lied an die Kavaliere der Station D*, das seine Erfahrungen auf der «Tripper-

Brecht, 1918

station» verarbeitet und dessen Refrain lautet: *Arg schon die Liebe, aber ärger noch der Tripper brennt!*[49] Brechts Vortragskunst, von Zeitgenossen immer wieder bewundert, versetzt die Zuhörer zunächst in der Dachstube, später in den Augsburger, Münchener und Berliner Lokalen in rätselhafte Verzückung. Brecht singt, so notierte ein Zuhörer, «mit einer hinreißenden Leidenschaft, trunken von seinen eigenen Versen [...], und machte die, die ihm zuhörten, wiederum trunken [...]»[50]. Carl Zuckmayer wird später von den «rauh und schneidend» vorgetragenen Liedern «völlig benommen, aufgerührt verzaubert»[51] sein. Täglich entstehen neue Texte, sie stärken Brechts dichterisches Ego, sodass er bald schon kokettierend verkündet, es könne keinen Gott geben, weil er es sonst nicht aushielte, kein Gott zu sein.

Revolution und frühes Erwachsensein

Am 7. November 1918 endet die achthundertjährige Herrschaft des Hauses Wittelsbach in Bayern, zwei Tage später dankt der deutsche Kaiser ab. In München ruft Kurt Eisner die Republik aus, Brecht aber nimmt von der Revolution kaum Notiz. Zwar gehört er kurzzeitig dem Augsburger Arbeiter- und Soldatenrat an, doch schlägt sich dieses Engagement weder in Briefen noch Tagebucheintragungen nieder. Die Familie und auch die Mehrzahl der Freunde betrauern den verlorenen Krieg und stehen der neuen politischen Ordnung fern. Dem noch unpolitischen Brecht, dessen Briefe in diesen Wochen ausschließlich von privaten Themen beherrscht werden, sind die neuen Verhältnisse gleichgültig: *[...] ich unterschied mich kaum von der überwältigenden Mehrheit der übrigen Soldaten, die selbstverständlich von dem Krieg genug hatten, aber nicht imstande waren, politisch zu denken.*[52] Während die Revolution bei einigen Schriftstellerkollegen radikale politische Hoffnungen auslöst, konzentriert sich Brecht auf seine schriftstellerischen Projekte, dichtet, wie etwa im *Himmel der Enttäuschten*, gegen die aufkeimenden gesellschaftlichen Utopien und sieht die viel beschworene Zukunft der Revolutionäre eher nüchtern, nämlich *nackt und frierend zwischen dem Gestein*[53]. Im *Gesang des Soldaten der roten Armee* warnt er gar davor, der *roten, unmenschlichen Fahne* hinterherzulaufen, um später mit *blutbefleckten, leeren Händen*[54] dazustehen. Brecht bezieht die Position des unbeteiligten, skeptischen Beobachters, der weder an das Ideal einer gewaltlosen Revolution glaubt noch den Preis einer gewaltsamen Revolution verteidigen kann. Ganz gegen den Zeitgeist traut er den revolutionären Verheißungen nicht. Auch für jenes sowjetische Gesellschaftsexperiment, dem einmal seine größte Bewunderung gelten wird, zeigt er noch wenig Interesse: *Ich bin jetzt sehr gegen den Bolschewismus: Allgemeine Dienstpflicht, Lebensmittelrationierung, Kontrolle, Durchstecherei, Günstlingswirtschaft. Außerdem im günstigsten Fall: Balance, Uniformierung, Kompromiß.*[55] Statt aufs Kollektiv setzt der Brecht dieser Jahre noch ganz auf den rücksichtslosen Lebensgenuss; die Maximen des realkommunistischen Reichs beleidigen seinen individuellen Anspruch auf Annehmlichkeiten: *Ich danke fürs Obst und bitte um ein Auto.*[56] Er bleibt unabhängiger Beobachter und lässt sich politisch auf keines der kämpfenden Lager ein. Die Revolution hinterlässt allenfalls stoffliche Spuren in seinem Werk. Überschüssige Zeit und Energie bleiben ganz dem Privatleben vorbehalten.

Das erste Friedensjahr überrascht den Einundzwanzigjährigen mit einer unerwarteten Vaterschaft. Paula Banholzer, die schwangere Geliebte, wird von ihrem Vater gezwungen, das Kind heimlich außerhalb Augsburgs zur Welt zu bringen. Frank, Brechts erster Sohn, wird nie ein familiäres Zuhause haben, man reicht ihn unter fremden Familien und entfernten Verwandten herum; als Vierundzwanzigjähriger fällt er auf Hitlers Russlandfeldzug. Schmerzhafte Ereignisse im Jahr 1920 machen Brecht klar, dass die unbeschwerte Jugend hinter ihm liegt. Er schreibt: *Jetzt ist meine Mutter gestorben, gestern, auf den Abend, am 1. Mai! Man kann sie mit*

Paula Banholzer und Brecht in der Augsburger Mansardenstube, 1919

den Fingernägeln nicht mehr auskratzen![57] Das jahrelange Krebsleiden der Mutter hatte die Schulzeit Brechts mit Angst überschattet. Der Tod trifft ihn, der seine Emotionen strikt kontrolliert und in sich trägt, wie ein Schlag: *Aber das Wichtige haben wir nicht gesagt, sondern gespart am Notwendigen.*[58] Mit dem Tod der Mutter verliert er auch das vertraute Zuhause. Der Vater, der das Dichterleben seines Sohnes bis dahin mit größter Nachsicht hingenommen und auch finanziert hatte, erwartet nun vorzeigbare Erfolge eines Studiums, das Brecht inzwischen stark vernachlässigt hat. Im November 1921 wird Brecht exmatrikuliert, weil der Medizinstudent sich zu keiner Vorlesung mehr eingeschrieben hatte. Über sein angespanntes Verhältnis zum Vater notiert er: *Er möchte wissen, was ich schon für die Allgemeinheit getan hätte, noch rein gar nichts. [...] Er wolle jetzt einmal eine ernste Arbeit bei mir sehen. Das, was ich mit meiner Literatur getan hätte, halte er persönlich für gar nichts. Das müsse sich erst noch beweisen. Ich ging schnell hinaus. [...] Ich habe noch nichts verdient.*[59]

Der Dichter Brecht ist im Jahr 1920 trotz eines schon beachtlichen Œuvres in der Öffentlichkeit nicht präsent. Er schreibt fleißig für die Schublade, Resonanz findet er allenfalls im Freundeskreis, dem er seine Texte vorträgt und der an seinem schriftstellerischen Können keinen Zweifel hegt. Allerdings plagt den Dichter die Frage, wie er mit dem Schreiben seine und die Existenz seines Sohnes finanzieren könne. So lockt ihn die Vorstellung, mit Drehbüchern schnelles Geld zu verdienen. Sein Tagebuch dokumentiert, wie sehr er sich mit Stoffen und Projekten herumschlägt, die von seinen literarischen Interessen weit entfernt sind und die ihn tief ins Kolportagefach hineinführen. Titel wie *Königskinder, Maras Tochter* oder *Der Brillantenfresser* illustrieren die Hemmungslosigkeit, mit der sich Brecht auf triviales Terrain vorwagt. Bitter gesteht er sich ein: *Ich schmiere Filme und verplempere mich.*[60] Es sind erfolglose Versuche, die ihn dem ersehnten Geld nicht näher bringen. Einnahmen hat er nur durch seine Theaterkritiken, die er seit 1919 im «Volkswillen», der Tageszeitung der Augsburger Unabhängigen Sozialdemokratischen Partei Deutschlands, veröffentlicht. Brecht profiliert sich darin als ein radikal subjektiver Kritiker, der seinem Unmut über das Augsburger Provinztheater freien Lauf lässt und dabei den Skandal nicht fürchtet. Arrogant appelliert er an die Augsburger, doch mit ihrer lieben Gewohnheit, *ein schlechtes Schauspiel zu haben, gelegentlich zu brechen*[61]. Besucher beschweren sich über gewisse Flegeleien des ungewöhnlich jungen Kritikers: «[…] daß er während der Aufführung fortgesetzt lacht […], daß er nach jedem Bild, obwohl er dadurch 5 oder 6 Besucher zum Aufstehen veranlassen mußte, hinausging und regelmäßig zu spät wieder hereinkam»[62]. Die Theaterleitung verweigert dem Rezensenten zeitweise die Eintrittskarten, die Beleidigungsklage einer Schauspielerin setzt seiner Kritikertätigkeit schließlich ein Ende.

Der Schriftsteller Brecht fühlt sich inzwischen reif für die Öffentlichkeit, er muss dringend Verlage und Theater von sich überzeugen. Theater wie die Augsburger Bühne zieht er dabei nicht in Erwägung, sein Selbstverständnis verlangt nach bedeutenderen Spielstätten: *Wiewohl ich erst 22 Jahre zähle, aufgewachsen in der kleinen Stadt Augsburg am Lech*, notiert er, *trage ich den Wunsch, die Welt vollkommen überliefert zu bekommen. Ich wünsche alle Dinge mir ausgehändigt, sowie die Gewalt über die Tiere, und ich begründe meine Forderung damit, dass ich nur ein mal vorhanden bin.*[63] Es gibt tatsächlich begründete Hoffnung für ihn, literarisch anerkannt zu werden. Im März 1919 hatte Brecht den arrivierten Schriftsteller Lion Feuchtwanger aufgesucht, der zugleich dramaturgischer Berater der Münchner Kammerspiele war. Feuchtwanger, der später unter dem starken Eindruck, den Brecht auf ihn macht, einen Roman mit dem zeitweiligen Titel «Thomas Brecht» schreibt, verspricht, sich für den jungen Bühnenautor einzusetzen. Er erinnert sich später, wie «ein sehr junger Mensch, schmächtig, schlecht rasiert, verwahrlost in der Kleidung» in seine Münchener Wohnung gekommen sei. «Er drückte sich an den Wänden

Lion Feuchtwanger, undatiertes Foto

herum, sprach schwäbischen Dialekt, hatte ein Stück geschrieben, hieß Berthold Brecht. Das Stück hieß *Spartakus.* Im Gegensatz zu der Mehrzahl der jungen Autoren, die, wenn sie Manuskripte überreichen, auf das blutende Herz hinzuweisen pflegen, aus dem sie ihr Werk herausgerissen hätten, betonte dieser junge Mensch, er habe sein Stück *Spartakus* ausschließlich des Geldverdienstes wegen verfaßt.» Als Feuchtwanger nach der Lektüre des Textes das rein kommerzielle Motiv anzweifelte, widersprach Brecht: «[...] er wurde heftig und fast bis zur Unverständlichkeit dialektisch und erklärte: Gewiß habe er dieses Stück nur des Geldes wegen geschrieben; er habe aber noch ein anderes Stück, das sei wirklich gut, und das werde er mir bringen.»[64] Zwei abgeschlossene Dramen, die später *Trommeln in der Nacht* und *Baal* heißen werden, vertraut er dem Theaterautor an und stellt damit die Weichen für eine Karriere, die bereits drei Jahre später von einem Aufsehen erregenden Bühnenerfolg gekrönt sein wird.

Die frühen Dramen: «Baal» und «Trommeln»

Im Juni 1918 schreibt Brecht an Caspar Neher: *Meine Komödie Baal frisst! Baal tanzt!! Baal verklärt sich!!! Was tut Baal? ist fertig und getippt – ein stattlicher Schmöker! Ich hoffe damit einiges zu erreichen.*[65] Sekretärinnen des Vaters in der Haindl'schen Papierfabrik hatten das Manuskript in eine vorzeigbare Form gebracht. Hoffnungsvoll verschickt es Brecht an kulturelle Autoritäten wie den Kritiker Alfred Kerr und den «Theaterprofessor» Artur Kutscher, beide jedoch äußern sich ablehnend. Er unterzieht das Stück nun weiteren Überarbeitungen, so wie er es mit allen späteren Stücken tun wird. Von Beginn an sind dramatische Texte für Brecht Versuche, die ständig überprüft, kritisiert und modifiziert werden, die Kritik von Freunden und Mitarbeitern wird zum Bestandteil der Revision.

Die Titelfigur des Dramas ist ein empfindsamer Lyriker, zugleich aber Mörder, Zuhälter und Zuchthäusler. Baal ist ein zynischer Genussmensch, der frisst, säuft, tanzt, kämpft und herumhurt. Sein vitalistisches Lebensgefühl artikuliert er unmittelbar in seiner Dichtung, die unter erhöhtem Alkoholeinfluss entsteht. Brecht hat das Stück programmatisch als Kontrafaktur zu Hanns Johsts Drama «Der Einsame» entworfen, das die letzten fünf Lebensjahre des Dichters Christian Dietrich Grabbe als Untergang eines großen Einsamen erzählt. Grabbe scheitert an der Mittelmäßigkeit der Masse, die ihn nicht versteht und von der er sich als Genie absondert. Dieser Dichotomie von Leben und Kunst setzt Brecht die pralle Lebensgier seines Baal entgegen. Versteigt sich Josts idealistischer Held in visionäre Ekstasen, so verschreibt sich das Menschentier Baal dem nackten Materialismus, saugt Leben rücksichtslos in sich ein, verschleißt seine Mitmenschen, preist anstelle des Geistes jungfräuliche Körper, berauscht sich in sexuellen Exzessen. In *Baal* radikalisiert Brecht ein antiidealistisches Programm: Sein Held ist amoralisch wie die Natur, gewalttätig und schrecklich, ein Monster, der *das Tier herauslocken* [66] will. Baals Anspruch, sich hemmungslos als freies Subjekt auszuleben, brüskiert jenen von Brecht selbst erlittenen wilhelminischen Zeitgeist, der auf Hingabe, Unterordnung und Pflichterfüllung pochte. Der philiströsen Triebunterdrückung begegnet Baal mit viehischer Triebentladung. *Da kommt*, schreibt Brecht, *ein Hamster drin vor, ein ungeheurer Genüßling, ein Kloß, der am Himmel Fettflecken hinterläßt, ein maitoller Bursche mit unsterblichen Gedärmen.* [67]

Baal ist ein biographisches Stationendrama in offener Form, das Einzelszenen aneinander reiht. Es folgt dem sozialen Abstieg dieses arbeitsscheuen, gebildeten Bohemiens bis tief in die rein vegetative Existenz. Das gesellschaftliche Scheitern wird von Baal jedoch als Selbstbefreiung erlebt. *Ich fliehe vor dem Tod ins Leben* [68], und Baal meint damit den Ausstieg aus dem bürgerlich reglementierten Alltag in eine satte Ich-Existenz, die auf den Tod zuläuft. Baals irdisches Glück ist eine polemische Antwort auf idea-

Baal: Es gibt keinen schöneren Genuß als den Körper eines jungen Weibes. Er darf nicht besudelt werden. Er ist wild und geschmeidig wie der Leib eines Tigers und doch sanft und schmeichelnd, voller Wonne und ganz herrisch. Wenn Du die jungfräulichen Hüften umspannst, zuckt warmes Leben in deinen Händen und in der Angst und Seligkeit der Kreatur wirst du zum Gott. Im Tanz durch Höllen, hopp! Und gepeitscht durch Paradiese, hopp! Ihr zittert, aber das ist Kraft, und du weißt nicht, bist du's oder ist es sie.

Aus: Baal

listische und damit auch expressionistische Menschheitsbeglückung. Mit Sympathie für nihilistische Überlegungen lässt Brecht Dimensionen jenseits des materiellen Seins keinen Raum. Das unterstreicht ein Gedicht aus der Zeit: *Ich gestehe es, ich / Habe keine Hoffnung. / Die Blinden reden von einem Ausweg. Ich / Sehe. / Wenn die Irrtümer verbraucht sind / Sitzt als letzter Gesellschafter / Uns das Nichts gegenüber.*[69] Ursprünglich war *Baal* als Stück über François Villon konzipiert, *der im XV. Jahrhundert in der Bretagne Mörder, Straßenräuber und Balladendichter war*[70], später rückte Paul Verlaine an dessen Stelle. Auch das Vorbild Frank Wedekind ist in der Art, wie Baal vorträgt, erkennbar. Mit dem bewunderten Dichter war Brecht bereits 1914 in Berührung gekommen, als der Vater ihm eine Wedekind-Ausgabe schenkte. Später begegnete er dem Schauspieler und Vortragskünstler im Kutscher-Seminar persönlich. Er studierte dessen Gestik und Vortragskunst, er sang dessen Bänkellieder und Balladen und lobte ihn überschwänglich: *Nie hat mich ein Sänger so begeistert und erschüttert. Es war die enorme Lebendigkeit dieses Menschen, die Energie, die ihn befähigte, von Gelächter und Hohn überschüttet, sein ehernes Hoheslied auf die Menschlichkeit zu schaffen, die ihm auch diesen persönlichen Zauber verlieh. Er schien nicht sterblich.*[71] Als Wedekind 1918 starb, rief Brecht seine Augsburger Freunde zu einer nächtlichen Totenfeier am Lech zusammen.

Mit dem Titel *Baal* spielt Brecht auf den semitischen Fruchtbarkeitsgott an. Eingeleitet wird das Stück in seiner zweiten Fassung von einem blasphemischen Choral, der die Baal-Figur mythisch anhebt. Gegenüber dem *Ur-Baal* löst sich diese Version von der Fixierung auf das Johst'sche Drama und entwickelt eine größere Eigenständigkeit. Die Uraufführung 1923 in Leipzig führte zum erwarteten Skandal und erntete ungnädige Kritiken. Brecht hat sich von dem Drama zeit seines Lebens innerlich nicht getrennt. Er hat die Figur des Baal mal sozialkritisch, als Opfer asozialer Verhältnisse, konturiert, er hat mit ihr in Form eines Lehrstücks experimentiert und sich dabei stets vom radikalen Glücksverlangen seines Helden faszinieren lassen. Zwar repräsentiere dieser Held *kaum etwas anderes als die Verherrlichung nackter Ich-Sucht*, notiert Brecht im März 1954, es widersetze sich mit ihm aber *ein «Ich» gegen die Zumutungen und Entmutigungen*[72] einer ausbeuterischen Welt.

Brecht in Augsburg, 1922

Ein halbes Jahr nach Abschluss des *Ur-Baal* beginnt Brecht mit der Arbeit an seinem Erfolgsstück *Trommeln in der Nacht*, das zunächst noch *Spartakus* heißt. Mit diesem Drama erlebt der Stückeschreiber erstmalig die Aufführung eines eigenen Werks, und zwar am 29. September 1922 in den Münchner Kammerspielen unter der Regie von Otto Falckenberg. Brechts Wunsch, selbst Regie zu führen, wurde abgelehnt, das hinderte den Autor jedoch nicht, auf die Inszenierung jeden erdenklichen Einfluss zu nehmen: «Er war, ehe er noch irgendwo aufgeführt worden war, der Schrecken des durchschnittlichen Regisseurs, das Entsetzen des Theaterdirektors. Er diktierte die Besetzung, von der ersten bis zur zweiundzwanzigsten Rolle; er kämpfte mit nie erlahmender Zähigkeit für den Darsteller, für die Darstellerin, die er in sein Szenenbild eingebaut hatte.»[73] *Trommeln in der Nacht* wird zum meistgespielten Stück Brechts bis 1930. Mit einer Lobeshymne befördert der Kritiker Herbert Ihering den jungen Dramatiker in die Autorenelite des Landes: Dieser habe «über Nacht das dichterische Antlitz Deutschlands verändert. Mit Bert Brecht ist ein neuer Ton, eine neue Melodie, eine neue Vision in der Zeit»[74]. Die Berliner Premiere am 20. Dezember des Jahres löst eine öffentliche

Kontroverse aus und etabliert den Namen Brecht unwiderruflich im deutschen Kulturbetrieb.

Die zeitgeschichtliche Kulisse von *Trommeln in der Nacht* ist der Berliner Januar-Aufstand von 1919, den Brecht nur durch Zeitungsberichte kannte, bei dem Arbeiter Redaktionsgebäude besetzt und Straßensperren errichtet hatten. Um die politischen Ereignisse geht es Brecht allerdings dezidiert nicht: *Die Revolution, die als Milieu dienen mußte, interessierte mich nicht mehr, als der Vesuv einen Mann interessiert, der darauf seinen Suppentopf stellen will.*[75] Hauptfigur ist der totgesagte Artillerist Kragler, der nach vierjähriger Gefangenschaft in Afrika nach Berlin zurückkommt und feststellt, dass sein angestammter Platz besetzt ist: Seine Braut Anna ist schwanger und mit dem Kriegsgewinnler Friedrich Murk liiert, der sich durch Heirat mit der Unternehmertochter bürgerlich etablieren möchte. Annas Eltern besitzen eine Fabrik, die im Krieg Geschosskörbe herstellte und nun, da wieder Kinder gebraucht werden, auf die Produktion von Kinderwagen umgeschwenkt ist: Produktionssortiment wie Verlobter werden der neuen Zeit angepasst. Der zurückgewiesene und für die Nachkriegsgesellschaft

Der Spartakusaufstand im Januar 1919: Bewaffnete Spartakisten ziehen durch eine Straße Berlins

wertlos gewordene Kragler schließt sich aus Enttäuschung den revolutionären Arbeitern an, macht diese Entscheidung jedoch umgehend rückgängig, als Anna zu ihm zurückkehrt. Die Revolution, nur vorübergehende Zuflucht des aus der Bahn Geworfenen, wird eingetauscht gegen die Aussicht auf das *große weiße, breite Bett*[76]. Der zynische, antiromantische Schluss wendet sich messerscharf gegen die Idealismen der Linken, die die heimkehrenden Soldaten gern zu potenziellen Helden der Revolution stilisierten und die Wirklichkeit mit ihren Wunschvorstellungen zudeckten. Brechts *Abneigung gegen die Ideologen, die uns vorlogen, die Menschen seien bereit, für Ideen, die mit ihren Interessen nichts zu tun haben, ja ihren widersprechen können, zu sterben*[77], verschafft ihm einen desillusionierten, pragmatischen Blick auf die Zeitgenossen. So verteidigt der gerade dem Kriegstod entronnene Kragler einfach nur seine Haut: *Mein Fleisch soll im Rinnstein verwesen, daß eure Idee in den Himmel kommt? Seid ihr besoffen?*[78] Brechts stille Sympathie gilt diesem Überlebensmenschen Kragler, der sich mit unverstelltem Egoismus durchbeißt, dem nichts heilig ist, der sich mit seiner Anna versöhnt, die ihn nicht liebt und die er nicht liebt, deren großes Bett allerdings weitaus attraktiver ist als die Revolution: Ebendeshalb *schmeißt [er] die ganze Pathetik zum alten Eisen, läßt sich von seinen Bewunderern und Jüngern am Arsch lecken und geht mit der Frau heim, wegen der er das ganze tödliche Tohuwabohu gemacht hat*[79]. Die Revolution ist da nur noch ein Aufstand von Enttäuschten, Geblendeten und Zukurzgekommenen, nichts wirklich Ernstzunehmendes: Sie *fetzen Zeitungen in die Regenlachen, schreien Maschinengewehre an, schießen sich ins Ohr, meinen, sie machen eine neue Welt*[80]. Der frühe Brecht ist resistent gegenüber Utopien. Sein revolutionskritisches Drama ist radikal in beide Richtungen: Der Hass von Annas Eltern auf die Aufständischen entspringt der kleinbürgerlichen Besorgnis, durch Unordnung könnten ihre Kriegsgewinne gefährdet werden. Ihre Sicht auf die Zeitgeschichte ist durch ihre Privilegien verstellt und wird von Brecht genussvoll ironisiert: *Wir haben das unsere in Sicherheit, rund, voll, behaglich. Wir können in aller Ruhe Kinderwägen machen. Ohne Hast!*[81]

Bereits in diesem Stück spielt Brecht mit Rezeptionssteuerungen, die die Theaterillusion durchkreuzen sollen. Das sich wiederholende Motiv eines roten Mondes entzaubert romantische Erwartungen, ob sie sich auf die Revolution oder auf die Liebe beziehen. Tafeln mit der Aufschrift *Glotzt nicht so romantisch*[82] unterstreichen den Spielcharakter der Handlung. Es sind milde Provokationen, die bereits auf Brechts Verfremdungskonzept verweisen. *Trommeln in der Nacht* ist wie bereits *Baal* in hohem Maße sprachlich ambitioniert. Das verleiht dem Stück eine kulinarische Qualität, die seinen frühen Erfolg erklärt, aber auch dem heutigen Regietheater ein Spektrum an Deutungsmöglichkeiten bietet. 1953 hat der politische Brecht das Stück ein letztes Mal bearbeitet und sich bemüht, durch Hinzufügung einer genuin revolutionären Figur dem Protagonisten Kragler einen stärkeren Gegenpart und dem historischen Revolutionsereignis ein größeres Gewicht zu geben. Brecht fühlte sich mit dem Stück missverstanden, am Erfolg in den zwanziger Jahren ärgerte ihn noch immer die Erfahrung, *daß die Leute, die mir stürmisch die Hände zu schütteln wünschten, gerade das Pack war, das ich hatte auf den Kopf hauen wollen*[83].

Zwischen München und Berlin

1919 ist für Brecht ein produktives Jahr. Nach den beiden großen Stücken schreibt er fünf Einakter, in denen er seiner Lust an grotesken und makabren Perspektiven nachgibt. Pate dieser Clownesken ist der Komiker Karl Valentin, den er 1919 auf dem Oktoberfest kennen gelernt hatte und in dessen kleinem Orchester er bald schon Klarinette spielt. Brecht schätzt den Künstler Valentin über alles: *Dieser Mensch ist ein durchaus komplizierter, blutiger Witz. Er ist von einer ganz trockenen, innerlichen Komik, bei der man rauchen und trinken kann und unaufhörlich von einem innerlichen Gelächter geschüttelt wird, das nichts besonders Gutartiges hat.*[84] Von Valentins Witz inspiriert schreibt er *Der Bettler oder Der tote Hund* sowie *Die Hochzeit* (später in *Die Kleinbürgerhochzeit* unbenannt). Dieser bedeutendste Einakter zeigt die Dynamik einer Hochzeitsfeier, die sich auf ein Trümmerfeld zubewegt: Das neue Mobiliar übersteht die Feier nicht und zerfällt, die Feiernden treibt es in eine Schlägerei hinein, die Ehe darf schon am ersten Tag auf keine schöne Zukunft hoffen.

Brecht attackiert in dem Stück en passant die deutsche Sexualkultur, die er Jahre später als historisches Dilemma der Deutschen markiert: *Der deutsche Adel war genußunfähig, das Bürgertum dann idealiter puritanisch, das heißt realiter schweinisch. Der deutsche Student «tat es» nach solchem Bierkonsum, daß andere gekotzt hätten, wo er koitierte.*[85]

Anfang der zwanziger Jahre beginnt Brecht, sich von den vertrauten Orten Augsburg und München zu lösen, um sich jenem Ort zuzuwenden, wo die zeitgenössischen Künste in Deutschland blühen: Berlin. Vier Jahre wird er zwischen der bayerischen und der preußischen Metropole pendeln. Als er im Februar 1920 zum ersten Mal nach Berlin kommt, trifft Brecht auf eine unsentimentale Großstadt, deren Vitalität und Größe ihn gleichermaßen erschreckt und begeistert: *In dieser Stadt kommt man zu gar nichts, weil die Entfernungen so groß sind. Wenn man in ein Theater will, muß man in seiner Jugend aufbrechen, um im Silberhaar dort zu sein.*[86] Armut und Elend des tristen Nachkriegs-Berlin registriert er noch nicht als soziales Drama, sondern als atmosphärische Erfahrung: *Es ist eine graue Stadt, eine gute Stadt, ich trolle mich so durch. Da ist Kälte, friß sie!*[87] Noch scheitern seine Versuche, mit Theatern und Verlagen ins Geschäft zu kommen. Als er im Herbst 1921 erneut in Berlin eintrifft, eilt ihm bereits der Ruf des Avantgardisten voraus. Gerade war im «Neuen Merkur» die Filibustergeschichte *Bargan läßt es sein* erschienen. Der unerbittlich erzählte Niedergang des gottähnlichen Bargan macht Brecht über Nacht zu einem Wunderknaben im Literaturbetrieb, von der ungewohnten Popularität wiederum macht der Stückeschreiber nach Kräften Gebrauch. Er verkehrt mit Dramaturgen und Verlegern, er verhandelt mit Schauspielern über zukünftige Rollen, obwohl er noch keinen einzigen Vertrag unterzeichnet hat, und genießt die Wirkung seines Charismas: «Beim Kiepenheuer-Verlag hatte er eine enragierte Anhängerschaft, die sich vom Chef bis zur jüngsten Sekretärin erstreckte.»[88] Betriebsam auf der Suche nach Gelegenheiten treibt

> Ein Mann mit einer Theorie ist verloren. Er muß mehrere haben, vier, viele! Er muß sie sich in die Taschen stopfen wie Zeitungen, immer die neuesten, es lebt sich gut zwischen ihnen, man haust angenehm zwischen den Theorien.
>
> Brecht, 1920

Brecht durch den großstädtischen Dschungel. Der Münchener Freundin meldet er: *Vorm[ittags] schrieb ich bis 10 einen Filmakt, dann lief ich in die Universität, dann ins Deutsche Theater wegen der Proben, aß im Stehen rasch wo um 3 Uhr, traf Klabund im Cafe, der den Vertrag mit Reiß schiebt, schwatzte bis 6 Uhr über die Verlagsgeschichten, dabei gingen wir durch drei Likörstuben mit einem Jüngling, der Vorschuß bekommen hatte und Likörs bezahlte, dann fuhr ich Untergrund in die Skala, wo Matray und Kata Sterna tanzten [...] lief dann mit Matray ins Restaurant Maenz, wo mich Granach vielen Theaterleuten vorstellte, und gondelte um 2 Uhr mit einer Zigarre heim. Und alle diese Leute schieben einander, schreiben über einander, beneiden, verachten, verebbeln einander!!!*[89] In brauner Mönchskutte besucht er den Kostümball im Kunstgewerbemuseum, in Trude Hesterbergs «Wilder Bühne» trägt er seine *Legende vom toten Soldaten* vor. Durch Klabunds Vermittlung gelingt es ihm, einen Vertrag mit dem Verlag Erich-Reiss zu schließen, der ihm für die Gegenleistung von Balladen, Gedichten und einem Theaterstück das monatliche Fixum von 750 Reichsmark garantiert. Schon von Beginn an erweist sich Brecht dabei als ein listiger Verhandlungspartner. Mit dem Vertrag in der Tasche gelingt es ihm, ein Konkurrenzangebot von Kiepenheuer auf 800 Reichsmark anzuheben, um schließlich vom Drei-Masken-Verlag 1000 Reichsmark zu fordern, am Ende über dieses Fixum jedoch mit Kiepenheuer abzuschließen.

Als er im Haus des Schriftstellers Otto Zarek den Dramaturgen Arnolt Bronnen kennen lernt, beginnt eine legendäre Dichterfreundschaft. Die beiden durchstreifen Berlin als verschworenes Paar, bewundert und bespöttelt von der literarischen Öffentlichkeit und entschlossen, die Theater zu erobern: Bronnen in der Rolle des demütigen Famulus und Brecht in der Rolle des bewunderten Meisters: *Wir werden*, sagte Brecht, der seinen Vornamen inzwischen in Bertolt geändert hat, um ihn dem Namen Arnolts anzugleichen, *die Regisseure studieren, werden lernen wie man es nicht macht. Wir werden die Autoren entlarven, von Alfred Brust bis Shaw [...]*[90]. Der erste handfeste Erfolg des Teams Brecht–Bronnen ist die Buchausgabe des *Baal* sowie die Annahme von Bronnens Drama «Vatermord» durch die «Junge Bühne». Regie führt erstmalig Brecht, der allerdings kaum Erfahrungen mit praktischer Theaterarbeit hat, dafür aber sehr radikale Ideen, wie Theater keinesfalls gemacht werden dürfe. Schnell gibt es Streit mit den Schauspielern, denen Brecht mit verblüffender Arroganz erklärt, «daß alles, was sie machten, Scheiße wäre»[91]. Die Proben enden mit einem Fiasko. Heinrich George verlässt zornig die Produktion, und Brecht sieht sich gezwungen, das Handtuch zu werfen. Unter der Regie von Berthold Viertel wird «Vatermord» ein Überraschungserfolg und macht Bronnen über Nacht zum Anwärter des Kleistpreises, der schließlich – mit Einwilligung Bronnens – allerdings Brecht verliehen wird.

Brecht kommt 1922 nach München zurück. Die neue Geliebte Marianne Zoff, eine erfolgreiche Mezzosopranistin, ist inzwischen an die Stelle von Paula Banholzer getreten, parallel unterhält

Marianne
Zoff und
Brecht,
um 1922

Brecht eine weitere Liebesbeziehung zu der Medizinstudentin Hedda Kuhn. Stets verwendet Brecht erhebliche Anstrengungen darauf, alte Bindungen nicht durch das Eingehen neuer Beziehungen zu gefährden oder zu verlieren; hartnäckig, ja strategisch kämpft er darum, dass seine Exgeliebten ihn nicht verlassen. *Ab und zu schieße ich auf Vögel, die mir entfliehen wollen und fresse sie wieder [...].*[92] Brecht wird besitzergreifend, wenn sich Konkurrenten in das Netz seiner Frauenbeziehungen drängen, wie der Verlobte der Zoff, Richard Recht, den er als *das verliebte Schwein Malchus*[93] abkanzelt. Der inzwischen schwangeren Geliebten rät er von solchem Umgang energisch ab, macht aber klar, dass er ihren Heiratswunsch nicht erfüllen könne, *denn ich bin ein Provisorium und muß Sprungweite haben, ich wachse noch*[94]. Durch Überredung und Verzauberung gelingt es ihm, das Netz seiner Beziehungen zumindest zeitweise in der Balance zu halten und sich selbst als der Umworbene zu behaupten. So später in München, wenn sich neben Zoff und Bronnen auch Caspar Neher von Eifersucht getrieben gegenseitig in Schach halten und um die Gunst des einen kämpfen. Berichtet wird gar von einem Tötungsversuch bei vorgerückter Stunde im Hause Feuchtwanger, bei dem der Jugendfreund Neher den Nebenbuhler Bronnen mit einer Flasche zu erschlagen versucht.

In München rührt sich endlich das Interesse der Theater an Brecht. Die Kammerspiele entscheiden sich für *Trommeln in der Nacht* und das Bayerische Staatsschauspiel will *Garga*, das später den Titel *Im Dickicht der Städte* erhält, zur Uraufführung bringen. Berlin hatte ihm bislang noch die kalte Schulter gezeigt, mit Ausnahme der *Trommeln*-Inszenierung gibt es kein Interesse der Theater am Autor und, nach dem «Vatermord»-Desaster, auch nicht an dem Regisseur Brecht. So schließt er mit den Münchner Kammerspielen einen Dramaturgenvertrag ab, denn seine neue Lebenssituation macht ein festes monatliches Einkommen erforderlich. Vor einer erneuten Vaterschaft stehend, hatte er Marianne Zoff am 3. November 1922 geheiratet und mit ihr einen Hausstand gegründet. Die Kleinfamilie in der Akademiestraße 15 stellte den Egomanen Brecht allerdings auf eine harte Probe, er lief dem Kindsgeschrei davon. Der Dichter, der seine persönlichen Beziehungen per Vertrag zu regeln liebte, hatte sich seine Freiheit garantieren lassen. So war vereinbart, dass Marianne ihm Unabhängigkeit und Freundschaften mit anderen Frauen zugesteht, selbst dagegen Treue gelobt. Augenzwinkernd schuf sich der Dichter einen patriarchalischen Mikrokosmos, der Illusionen über ein konventionelles Familienleben gar nicht erst aufkommen ließ. Fünf Jahre dauert diese Ehe, zum Zeitpunkt der Scheidung ist Brecht seit langem mit Helene Weigel liiert.

Im März 1923 machten sich Hitlers Anhänger in München mit Aufmärschen und Kundgebungen bemerkbar. Brecht amüsiert die theatralische Komik der Uniformierten, er spottet über die Vorlieben Hitlers als die *eines Mannes, der das Theater immer nur vom vierten Rang aus gesehen hat*[95]. Als die Gewaltsamkeit der rechtsradikalen Trupps bedrohlicher wird, verschärft sich auch Brechts Ton gegen die *Kavalkaden von trüben Hundsföttchen*[96]. Früh schon wird er Opfer ihrer Drohungen und Übergriffe: Sie tragen dazu bei, dass die von Protesten begleitete *Dickicht*-Inszenierung im Mai 1923, der man die Verletzung der öffentlichen Sittlichkeit vorwarf, bereits nach sechs Vorstellungen abgesetzt wird.

In seinem dritten Stück, das er 1921 beginnt und ein Jahr später abschließt, glaubt Brecht eine epochale Entdeckung gemacht zu haben: dass nämlich *noch kein Mensch die große Stadt als Dschungel beschrieben hat*[97]. Ihre Feindseligkeit, *ihre bösartige, steinerne Konsistenz, ihre babylonische Sprachverwirrung, kurz: ihre Poesie ist noch nicht geschaffen*[98]. Diese Aufgabe stellt er sich in *Im Dickicht*. Von Rimbaud-Lektüre angestachelt und von Sprachskepsis inspiriert, schafft er ein ebenso lyrisch wie atmosphärisch dichtes und ungewöhnliches, häufig als schwer verständlich empfundenes Werk, das mit der *babylonischen Sprachverwirrung* spielt. Sprache ist nicht mehr Mittel der Verständigung, sondern ist mit ihren Phrasen und ihrer Leere Signal für die frostige Isolierung und Zerstörung des Individuums. Auch auf die Sprache der Literatur ist da kein Verlass mehr: *Die Schriftsteller! Sie rächen sich am Leben durch ein Buch. Das Leben rächt sich dadurch, daß es anders ist.*[99] Zu den Vorbildern dieses Stücks gehören unter anderem der Roman «Das Rad» des Dänen Vilhelm Jensen und Upton Sinclairs Roman «Der Dschungel». Ort ist Chicago, das in Brechts Tagebüchern oft als Synonym für Berlin benutzt wird, ein Spiel der Brecht'schen Verfremdungs- und Distanzierungstechnik. *Ich hätte ebenso gut Berlin wählen können, aber das Publikum hätte dann nicht gesagt: «Der Mensch handelt eigenartig, auffällig, bemerkenswert», sondern nur: «Ein Berliner, der so handelt, ist eine Ausnahmeerscheinung [...].»* Die geographisch-kulturelle Distanzierung lenke das Augenmerk besser auf *die eigenartige Handlungsweise zeitgemäßer großer Menschentypen.*[100]

Das Drama beginnt mit dem Kampf zwischen dem malaiischen Holzhändler Shlink und Garga, dem Angestellten einer Leihbibliothek. Shlink möchte ihn herausfordern, möchte aus purer Lust kämpfen, darauf hoffend, dem anderen auf diese Weise menschlich näher zu kommen. Er fordert den Buchhändler auf, ihm seine Ansichten über ein Buch zu verkaufen. Der auf seine Individualität pochende Einwanderer aus der Savanne soll gezwungen werden, sich den Marktmechanismen der Großstadt zu stellen. Garga allerdings weigert sich und zeigt, dass er das Gesetz von Käuflichkeit und Verkäuflichkeit aller Dinge nicht respektiert. Noch frönt er unangepassten Gewohnheiten, wie etwa *einige Wochen gleichzeitig zu trinken, zu lieben und zu rauchen. [...] Und das Konversationslexikon durchzublättern*[101], noch ist er seiner Familie verbunden, die sich allerdings unter dem Druck der Großstadt aufzulösen beginnt. Shlink, der durch harte Arbeit zu Macht und Reichtum aufgestiegen ist, beginnt zu kämpfen. Er bringt Garga um seinen Arbeitsplatz, macht sich selbst zum Ernährer von Gargas Familie, führt Gargas Schwester Marie ebenso wie Gargas Verlobte Jane in die Prostitution. Schlag und Gegenschlag bestimmen den Verlauf des Kampfes. Schließlich mobilisiert Garga den rassistischen Mob gegen den malaiischen Fremden und treibt diesen in den Selbstmord. Als Sieger, allerdings nur in kapitalistischem Sinn, geht Garga aus diesem Duell hervor; der Entfremdung ist er, der inzwischen die harte «Krokodilshaut» trägt, nun auch unterworfen: *Chicago ist kalt. Ich gehe hinein.*[102] Sein Vater endet im Alkoholrausch, die Mutter entschwindet ins Dickicht der Stadt. Es triumphiert allein die Unerbittlichkeit der Großstadt, der niemand entrinnt. *Wenn ihr ein Schiff voll stopft mit Menschenleibern, daß es birst, es wird eine solche Einsamkeit in ihm sein, daß sie alle gefrieren.*[103] Garga, der Karl Moor des 20. Jahrhunderts, mit dem Brecht Schillers «Räuber» verbessern wollte, scheitert mit seinem Freiheits-

«Im Dickicht der Städte»: Uraufführung im Münchener Residenztheater unter der Regie von Erich Engel, 1923

willen an den Strukturen des großstädtischen Soziotops. Dass das
Stück nicht auf den Kampf zweier großer Individuen zielt, deren
Schicksal den Zuschauer zittern lassen soll, hat Brecht im Kontext
des Stückes herausgestellt und dabei Elemente seines epischen
Theaters vorweggenommen: *Einen großen Fehler sonstiger Kunst hoffe ich, im «Baal» und «Dickicht» vermieden zu haben: ihre Bemühung
mitzureißen. Instinktiv lasse ich hier Abstände und sorge, daß meine
Effekte (poetischer und philosophischer Art) auf die Bühne begrenzt bleiben.* Es gehe nicht darum, *mitzuempfinden, sich im Helden zu inkarnie-
ren,* sondern um eine *höhere Art von Interesse: das am Gleichnis, das
am Andern, Unübersehbaren, Verwunderlichen.*[104] Die Uraufführung
fand am 9. Mai 1923 am Münchener Residenztheater statt, unter
der Regie von Erich Engel, dem Brecht beratend und sich einmi-
schend zur Seite stand, und mit dem Bühnenbildner Caspar Neher:
Ein Team, das sich in Zukunft noch bewähren sollte.

Noch im selben Jahr beginnt Brecht eine Arbeit, zu der ihn sein
Dramaturgenvertrag verpflichtete: Er sollte eine Shakespeare-Re-
gie übernehmen, wich aber auf Christopher Marlowes «Leben
Eduards des Zweiten von England» aus, ein Drama, das ihm in der
vorliegenden Form *nicht ausreichte*[105] und eine Bearbeitung erfor-

derlich machte. Zum ersten Mal probiert Brecht nun die Form der kollektiven Produktion, die später seine bevorzugte Arbeitsweise werden soll: Zusammen mit Lion Feuchtwanger, der die englische Sprache beherrscht und über hervorragende Geschichtskenntnisse verfügt, entsteht ein Stück, in dem der Held, König Eduard, sich der Logik der Macht widersetzt, um seine Liebe zu dem Metzgersohn Gaveston gegen alle Staatsräson durchzusetzen. Irrational, seinen Launen folgend, verzichtet Eduard auf seine Königswürde, schont gar den Todfeind Mortimer, um mit ihm kämpfen zu können, und arbeitet so seinem Untergang zu. Aufs Neue thematisiert Brecht hier die Selbstbehauptung des Individuums: *Im Eduard [habe ich] jenes große und finstere Tier zu zeichnen unternommen, das wie in der Witterung eines Erdbebens die ersten Wellen eines das Individuum bedrohenden gewaltigen Erdkatastrophe wahrnahm. Ich habe seine primitiven und hoffnungslosen Maßnahmen gezeigt, sein schreckliches Ende in anachronistischer Vereinsamung.*[106] Der Preis des entfesselten Individualismus ist ein blutiger Bürgerkrieg, die Unregierbarkeit des ganzen Staatswesens, Elend und Tod der kleinen Leute. Ein Ausweg ist nicht in Sicht, das dem Stück immanente Geschichtsverständnis ist radikal pessimistisch.

In *Eduard* experimentiert Brecht mit Elementen des epischen Theaters. Songs unterbrechen die Handlung, Szenentitel nehmen Ereignisse vorweg und lösen Spannung auf. Auch in der gezielt holprigen Verstechnik, an der Feuchtwanger einen großen Anteil hat, widersetzt sich das Stück dem Muster der traditionellen historischen Tragödie: *Ich benötigte gehobene Sprache, aber mir widerstand die ölige Glätte des üblichen fünffüßigen Jambus. Ich brauchte Rhythmus,*

Lion Feuchtwanger, geboren 1884 in München, studierte zunächst Philologie, bevor er sich ab 1910 als Autor von Dramen und Prosa etablierte. Ein Weltbestseller wurde sein Roman «Jud Süß». Feuchtwanger gilt als einer der bedeutendsten Vertreter des historischen Romans im 20. Jahrhundert. Hohe Auflagen erzielte er mit «Die häßliche Herzogin», «Der jüdische Krieg», «Goya oder der arge Weg der Erkenntnis» und «Narrenweisheit oder Tod und Verklärung des Jean-Jacques Rousseau». 1933 emigrierte Feuchtwanger zunächst nach Frankreich, 1940 dann in die USA. In Reaktion auf die Nazi-Diktatur entstand der Zyklus «Der Wartesaal», bestehend aus den drei Teilen «Erfolg», «Die Geschwister Oppenheim» und «Exil». Feuchtwanger starb 1958 in Los Angeles.

aber nicht das übliche Klappern.[107] Bei der Uraufführung in den Münchener Kammerspielen am 18. März 1924 führte Brecht selbst Regie. Er probte seiner Experimentierlust folgend monatelang und läutete mit dieser Arbeit die Stunde des Brecht'schen Theaters ein: Der Text wurde ständig den Erfordernissen von Bühne und Schauspielern angepasst, von Bühnenhandlungen wurde die größte Präzision und Intensität erwartet, die Hinrichtung Gavestons etwa sollte «virtuos» erfolgen: «Das Publikum solle sich mit Vergnügen ansehen, wie man den Burschen aufknüpft.»[108] Von den Schauspielern forderte Brecht ein klares, kühles Sprechen, die Gesichter der Soldaten wurden, ihre Konformität unterstreichend, dick mit Kalk belegt.

Metropole Berlin

Im Sommer 1924 unternimmt der deutsche Dichter Bertolt Brecht zusammen mit Ehefrau Marianne und Jugendfreund Neher eine Italienreise, zeigt sich allerdings, anders als seine namhaften Vorgänger, resistent gegenüber dem klassischen Bildungserlebnis. Wartestunden in Rom nutzt er für einen Kinobesuch, findet bemerkenswert, dass man in italienischen Kinosälen rauchen darf, die Ewige Stadt und die Schätze der Antike würdigt der spätere Verfasser des Caesar-Romans keines Blickes. Unmittelbar nach seiner Rückkehr siedelt Brecht endgültig nach Berlin über. Berlin ist inzwischen eine wirtschaftlich aufblühende Stadt, die von der Dollarspritze des Dawes-Plans merklich profitiert. Unstrittig ist inzwischen ihr Rang als kulturelles Zentrum Deutschlands. In Berlin findet Brecht die Kontakte, die er für seine Arbeit dringend braucht. Seine persönlichen Aussichten sind ermutigend. Er hat einen Vertrag als Dramaturg am Deutschen Theater bei Max Reinhardt in der Tasche, Leopold Jessner hat seinen *Eduard* für das Staatstheater unter der Regie von Jürgen Fehling angenommen. Und auch die Geschäfte mit den Verlagen gehen gut. Mit dem Ullstein-Verlag wird er bald schon einen Vertrag schließen, der ihm eine monatliche Vorschusszahlung von 500 Reichsmark für Werke garantiert, die, und hier kommt Brechts List ins Spiel, er alleine schreiben wird. Der enorme wirtschaftliche Erfolg der *Dreigro-schenoper*, einer Gemeinschaftsarbeit mit Kurt Weill, wird somit nicht unter diese Vereinbarung fallen. Er sei wahrscheinlich einer der seltenen Fälle, witzelte Brecht, in denen Ullstein von einem Autor ausgebeutet werde. Auch privat hat Brecht Fortune. Auf ihn wartet in Berlin eine Frau, die er ein Jahr zuvor kennen gelernt hat, die vierundzwanzigjährige Wiener Schauspielerin Helene Weigel. Seine Exgeliebte Bi und ihren gemeinsamen Sohn Frank verliert er dagegen mehr und mehr aus den Augen, auch die Beziehung zu Ehefrau Marianne und ihrer gemeinsamen Tochter Hanne beginnt sich zu lösen; er trifft sie nur noch anlässlich kurzer Besuchsreisen. Helene Weigel wird hingegen schon am 3. November 1924 den gemeinsamen Sohn Stefan zur Welt bringen. Wieder gelingt es Brecht, familiäre Nähe zu vermeiden. Während er selbst Weigels Atelierwohnung in der Spichernstraße okkupiert und diese zum Ort seiner Mitarbeitertreffen macht, sucht sich die junge Mutter eine nahe gelegene Wohnung in der Babelsberger Straße.

Helene Weigel. Foto aus der «Berliner Illustrirte Zeitung» vom 21. April 1929

In der Metropole Berlin wird Brecht unentrinnbar mit der Masse in ihren unterschiedlichen Erscheinungsformen konfrontiert: mit den politisierten Massen und ihren Aufmärschen, den Publikumsmassen auf Sportplätzen und Rennbahnen, mit den Vergnügungsmassen in den aus dem Boden schießenden Tanzpalästen und Kinos. Die Stadt eröffnet ihm, was er bis dahin dem Topos Amerika zugeordnet hatte: eine von Traditionen entschlackte, dynamische, durch industrielle und kulturelle Umbrüche beschleunigte Gesellschaft, den Gegenentwurf zu jenem Deutschland, in dem *eine stille Vertierung, ein verfetteter Mittelstand und eine matte Intellektuelle* den Ton angibt, dem Brecht den Hilferuf *Bleibt: Amerika!*[109] entgegengeschleudert hatte. In Berlin gerät er in den Sog der Sportwettkämpfe, die er zu einer Art zeitgemäßem Theater überhöht. In den Ringkämpfen erfahre das Publikum jenes Vergnügen, das in den Theatern abhanden gekommen sei. Brecht gehört zur treuen Leserschar der Zeitschrift «Querschnitt», dem von Hermann von Wedderkop herausgegebenen Zeitgeist-Periodikum, das der Gegenwartsliteratur vorhält, «daß ihre Todesstunde längst geschlagen hat, daß die neue Generation es in erster Linie liebt, zu tanzen, Sport zu treiben, zu reisen, und auf ingeniöse Weise Geschäfte zu machen»[110]. Brecht folgt der «Querschnitt»-Polemik oft bis in die Diktion, etwa in dem Artikel *Mehr guten Sport*, in dem er die Begeisterung für die Wettkämpfe der *Verderbtheit unseres Theaterpublikums* entgegenstellt: *In den Sportpalästen wissen die Leute, wenn sie ihre Billette einkaufen, genau, was sich begeben wird; und genau das begibt sich dann, wenn sie auf ihren Plätzen sitzen: nämlich, daß trainierte Leute mit feinstem Verantwortungsgefühl, aber doch so, daß man glauben muß, sie machten es hauptsächlich zu ihrem eigenen Spaß, in der ihnen angenehmsten Weise ihre besonderen Kräf-*

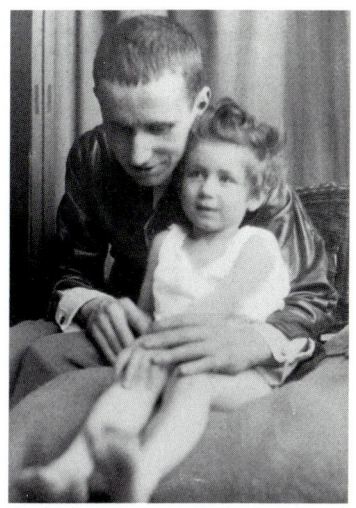

Brecht mit seiner Tochter Hanne

Brecht mit seinem Sohn Stefan, um 1927

te entfalten. Das alte Theater hingegen hat heute kein Gesicht mehr.[111] Ausgehend vom Sportpublikum entwickelt Brecht die Vision von einem Theaterpublikum, das die Bühnenereignisse wie das Sportpublikum kühl beobachtet, ohne sich von Leidenschaften hinreißen zu lassen. Dass allerdings gerade der Sport mit hohen Emotionen und Suggestionen verbunden ist, beachtet er nicht, dass Sport mit hygienischen und pädagogischen Programmen, eben als Körperertüchtigung, propagiert wird, ist ihm zuwider. Brecht gefällt der Sport ausschließlich als ungesundes, riskantes, dramatisches Unternehmen, großer Sport *fängt da an, wo er längst aufgehört hat, gesund zu sein*[112]. Und er fühlt sich angezogen von dessen Protagonisten. So schreibt er eine fragmentarische Biographie des Boxers Paul Samson-Körner, die 1926 in «Scherls Magazin» veröffentlicht wird, in dem er den *plastischen Charme* des Sportlers bewundert: *Es ist schlechthin unnachahmlich, wie Samson-Körner beispielsweise eine einfache Fahrkarte in seiner Tasche verstaut. Darum ist er auch ein beträchtlicher Filmschauspieler.*[113] In «Scherls Magazin» erscheint auch

Brecht mit dem Boxer Paul Samson-Körner, 1926

die Boxergeschichte *Der Kinnhaken*, und unter dem Titel *Das Renommé* plant Brecht gar einen Boxerroman.

Ebenso wie sportliche Massenveranstaltungen das Theater inspirieren sollen, sieht Brecht als neuen Maßstab für die hohe Literatur ihre triviale Variante: den Kriminalroman. Auch hier sei der Rezipient mit den Regeln bestens vertraut: *Wenn Sie einen Kriminalroman aufschneiden, dann wissen Sie genau, was Sie wollen.*[114] Brechts Bekenntnisse zu dezidiert unliterarischen Strömungen dürfen auch als genüsslicher Affront gegen den herrschenden Kulturbetrieb und die etablierte Literatur verstanden werden. Als Gutachter eines Lyrikwettbewerbs der «Literarischen Welt» erkennt Brecht in den eingesandten Gedichten, die sich an tonangebenden Dichtern wie Rainer Maria Rilke, Stefan George und Franz Werfel orientierten, nur Belege für *Sentimentalität, Unechtheit und Weltfremdheit*[115]. Die jungen Autoren gezielt brüskierend, vergibt er den Preis an Hanns Küppers Gedicht «He! He! The Iron Man», das er zufällig in einem Radsportblatt entdeckt hatte. Brecht verachtet die Dichteraristokratie seiner Zeit, *diese stillen, feinen, verträumten Menschen, empfindsamer Teil einer verbrauchten Bourgeoisie, mit der ich nichts zu tun haben will!*[116] Ganz in der Rolle des Enfant terrible behauptet er, *daß Rilkes Ausdruck, wenn er sich mit Gott befaßt, absolut schwul ist*[117], und dass Stefan George *einen Haufen von Büchern in sich hineingelesen [hat], die nur gut eingebunden sind, und mit Leuten verkehrt, die von Renten leben*[118], und dass er Werfels Lyrik nur mit einem *entstellenden Grinsen*[119] zur Kenntnis nehmen könne. Seine besondere Abneigung gilt seit Augsburger Tagen Thomas Mann, dessen «Zauberberg»-Lesung er im dortigen Börsensaal erlebt hatte und gegen dessen Erzählhaltung er einwendet: *Da erfindet einer im Schweiße unseres Angesichts lauter Dinge, über die er ironisch lächeln kann.*[120] Mann ist für Brecht das Abbild eines *bourgeoisen Herstellers künstlicher, eitler und unnützlicher Bücher*, er gehöre zu jenen veränderungsunwilligen Alten, die sich im Höchstfall mit 60 km in der Stunde fortbewegen könnten. In Bezug auf eine Debatte über den Generationenkonflikt, an der neben Thomas Mann auch dessen Sohn Klaus teilnahm, geht Brecht zum persönlichen Angriff auf den Großschriftsteller über: *Seine Ansicht ist, daß der Unterschied zwischen seiner und meiner Generation ein ganz geringfügiger ist. Dazu kann ich nur sagen, daß nach meiner Ansicht in*

Thomas Mann, 1916

*einem eventuellen Disput zwischen einer Droschke und einem Auto es be-
stimmt die Droschke sein wird, die den Unterschied geringfügig finden
wird.*[121] Der anhaltende Erfolg Thomas Manns, den sich Brecht
wohl für sich selbst gewünscht haben mag, ärgert ihn und verlei-
tet ihn zu dem Bekenntnis, *daß ich geradezu Geldopfer bringen würde, um das Herauskommen gewisser Bücher zu unterbinden*[122]. Thomas
Mann wiederum beurteilte den frühen Brecht nachsichtig als «ein
starkes, aber einigermaßen nachlässiges Talent», das in Deutschland sehr verwöhnt würde[123], dessen Kunst er allerdings als intel-
lektualistisch und bolschewistisch verschmäht.

Frühe Lyrik

Der Umfang der Brecht'schen Lyrik stellt selbst das Werk so bedeu-
tender Zeitgenossen wie Rainer Maria Rilke und Gottfried Benn,
die zudem fast ausschließlich Lyriker waren, weit in den Schatten.

Brechts Gedichte gelten inzwischen als seinen Dramen mindestens ebenbürtig; manche Kritiker betrachten sie gar als den gelungensten Teil seines Werkes, ein Urteil, das den Stückeschreiber erstaunt, möglicherweise sogar verärgert hätte. Sein Leben lang war Brecht bemüht, die Bedeutung seiner Gedichte herunterzuspielen. In einem Brief an Alfred Döblin 1928 heißt es misstrauisch: *Meine Lyrik ist nämlich das schlagendste Argument gegen meine Dramen! Alle sagen sofort, mein Vater hätte mich eben Lyriker und nicht Dramatiker werden lassen sollen!* [124] Gegenüber der Kunstanstrengung, die er seinen Stücken und seiner Prosa zukommen lasse, sei die Lyrik nur Laster und Zeitvertreib, er weist ihr einen privaten Charakter zu: *Sie ist mit Banjo- und Klavierbegleitung gedacht und bedarf des mimischen Vortrags. Im Drama hingegen gebe ich nicht meine private Stimmung, sondern gleichsam die Stimmung der Welt. Mit anderen Worten: Eine objektiv angeschaute Sache, das Gegenteil von Stimmung im gewöhnlichen und poetischen Sinn.* [125] Mit seinem ersten Gedichtband *Die Hauspostille*, der Kurt Tucholsky zu dem Superlativ verleiten wird, Benn und Brecht seien «die größten lyrischen Begabungen, die heute in Deutschland leben» [126], präsentiert Brecht einen Querschnitt durch sein lyrisches Frühwerk. Es sollte ein Buch mit Gebrauchswert sein, das sich, weit entfernt von Gefühlspoesie, ironisch der Luther'schen Erbauungspostille verpflichte. Wie diese folgt auch die Gedichtsammlung einer Gliederung in Lektionen wie Bittgesängen, Exerzitien, Chroniken, Psalmen usw. In dezidiert unchristlichen Fürbitten nimmt sich Brecht darin Gestrandeter der bürgerlichen Gesellschaft an, der *Kindesmörderin Farrar* etwa oder des Elternmörders Apfelböck, deren grausame Taten kalt und objektiv protokolliert werden. Anstatt Vater und Mutter zu ehren, hat der dreizehnjährige Jakob Apfelböck sie *in mildem Lichte* [127] erschlagen, umgeben von Leichengeruch verharrt er neben seinen Opfern, und auf die Frage nach dem Motiv folgt das mitleidlose: *Ich weiß es nicht.* [128] Der Nihilismus, ein Resultat von Brechts Nietzsche-Lektüre, gilt als Klammer der *Hauspostille*. Das christliche Wertesystem ist suspendiert. Der Tod reduziert sich auf biologische Zersetzung, auf den Übergang in den Naturzustand. Dem Verfaulen folgt das Vergessen, Transzendenz gibt es nicht. So auch das Schicksal des ertrunkenen Mädchens, das sich dem erotischen Ophelia-Klischee von der schönen, unversehrten Braut widersetzt, dessen bleicher Leib im Wasser verfault und das erlebt, wie, synchron zu seinem Verfall, *Gott sie allmählich vergaß*[129]. Am Ende kehrt sie zurück ins Nichts: *Dann ward sie Aas in Flüssen mit vielem Aas.*[130] Das antimetaphysische Grundbekenntnis zum Nichts liefert der erste Psalm: *Über der Welt sind die Wolken, sie gehören zur Welt. Über den Wolken ist nichts.*[131] Dabei geht Brecht über die Zertrümmerung christlicher und gesellschaftlicher Maximen hinaus, indem er den Schwerpunkt verlagert von der Negation auf die Möglichkeiten, die die Entdeckung des Nichts bietet. Er propagiert die vitale Lebensbejahung, den ausgelebten Daseinsgenuss: *Laßt Euch nicht verführen!*, heißt es im *Schlußkapitel*, die moralische Phrase parodierend, vor *Fron und Ausgezehr* warnend.[132] Es ist der Appell, zu sündigen, das zeitlich begrenzte Leben ausgiebig zu nutzen: *Schlürft es in schnellen Zügen!*, denn am Ende stirbt man *mit allen Tieren / Und es kommt nichts nachher.*[133] Als große sprachliche Leistung dieser unsentimentalen Gedichte, die als gesungene Balladen rezipiert werden müssen, gilt Brechts Entdeckung der Sachlichkeit für die Lyrik. Kälte und Illusionslosigkeit durchziehen den Zyklus und konzentrieren sich noch einmal in dem berühmten *Vom armen B. B.*, einem Rollengedicht, das deshalb nicht als autobiographisches Bekenntnis missverstanden werden darf. Es ist der lässig und emotionslos vorgetragene Lebenslauf eines B. B., der in der Asphaltstadt zu Hause ist, dessen Hoffnung sich darauf beschränkt, dass zukünftige Erdbeben seine Virginia nicht ausgehen lassen, und der weiß, dass er zu den Vorläufigen gehört, denen allerdings *nichts Nennenswertes*[134] nachfolgen wird.

Als die *Hauspostille* mit großem Abstand zur Entstehungszeit der Gedichte erscheint, hat sich Brechts Lyrik bereits gewandelt. Die Großstadt ist ins Zentrum seiner Gedichte gerückt, die im Kontext von Dramenentwürfen entstehen und die Teil des komplexen Plans sind, den *Einzug der Menschheit in die großen Städte*[135] zu gestalten. Die Metropole ist hier nicht mehr mit den Angstvisionen der Expressionisten befrachtet. Brecht analysiert das

> Ich, Bertolt Brecht, bin aus den schwarzen Wäldern.
> Meine Mutter trug mich in die Städte hinein
> Als ich in ihrem Leibe lag. Und die Kälte der Wälder
> Wird in mir bis zu meinem Absterben sein.
> Aus: Vom armen B. B.

großstädtische Treiben nüchtern, unbeteiligt, als Selbstverständlichkeit. Allerdings sind die Ergebnisse seines sezierenden Blicks beunruhigend. Die Kommunikation wird von *babylonischer Sprachverwirrung* gestört, die Institution Individuum löst sich auf, Unnahbarkeit und Flüchtigkeit schleichen sich in die Beziehung von vertrauten Menschen. Der Geliebte in *Der Gast* hält die Frau mit seinem Lächeln auf Distanz, verschmäht aus Eile ihr Essen, sie entdeckt *unbekannten Staub auf seinem Schuh*[136], weiß nicht, woher er kam und wohin er aufbrechen wird.

Im unvollendeten *Lesebuch für Städtebewohner*, das 1930 in der Reihe der *Versuche* erschien, wird dieses Sujet fortgeführt. Die zehn in den Jahren 1926 und 1927 entstandenen Gedichte verstehen sich als Überlebensregeln, sie beschreiben, wie man sich in großen Städten verhalten soll: *Verwisch die Spuren* und *Denkt nur nicht nach, was ihr zu sagen habt: / Ihr werdet nicht gefragt.*[137] Die Anweisungen an ein Du bzw. Ihr sind pathosfrei, kalt, hart, gleichermaßen gegen das Ich selbst wie gegen den Angesprochenen: *Wenn ich mit Dir rede / Kalt und allgemein / Mit den trockensten Wörtern / Ohne Dich anzublicken [...].*[138] Im Umfeld der beiden Sammlungen finden sich Gedichte, die sich mit dem Programm der «Neuen Sachlichkeit» berühren. Sie nehmen Partei für Technisierung am Beispiel der Eisenbahnen, über die einst Postkutschenbesitzer klagten, *sie hätten keinen Schwanz und fräßen keinen Hafer*[139]. Maschinen, mit denen, so Brechts Hoffnung, die Unterdrückung überwunden werden könnte, treten ein in das Zwiegespräch mit dem Arbeiter: *Ich saufe Schmieröl, du saufst Bier / Ich esse Kohlen, du frißt Brot / Du lebst noch nicht, ich bin noch tot.*[140] In *Gedenktafel für zwölf Weltmeister* werden, der neusachlichen Thematik nahe, die Boxweltmeister eines halben Jahrhunderts aufgelistet, im Gedicht *Vom Geld* wird der Zeitgeist der durchamerikanisierten Großstadt besungen: *Geld ist Wahrheit. Geld ist Heldentum.*[141] Brecht, der sich der Sachlichkeitsmode gegenüber offen hält, sie als Kraft zur Überwindung verbrauchter Traditionen begrüßt, hat sich von Mythos und Glorifizierung der Sachlichkeit stets fern gehalten. 1928 begibt er sich mit dem Gedicht *700 Intellektuelle beten einen Öltank an* in offene Gegnerschaft zu einem Sachlichkeitskult, dem Kritiker vorwerfen, die brutale Realität des Kapitalismus zu verklären. Seine Satire beschwört den gottähnlichen Behälter als *Du Häßlicher / Du bist der Schönste! / Tue uns Gewalt an*[142], lässt Intellektuelle, im ideologischen Rausch, das metallische Monster anbetteln: *Erlöse uns von dem Übel des Geistes. / Im Namen der Elektrifizierung / Des Fordschritts und der Statistik!*[143] Der kritische Blick auf das soziale Elend der kapitalistischen Großstadt findet sich bereits in Gedichten, die im Umfeld des *Lesebuchs für Städtebewohner* entstanden sind. Bilanziert werden die Lebensbedingungen jenseits des Wohlstands: *Abortgerüche und faulige Tapeten*[154], die selbst breitbrüstige Männer niederwerfen, wässrige Gemüse, die das Volk demoralisieren. Frauen, die, wie in einem *Lesebuch*-Gedicht, zwar noch *Dreck* sind, die aber wissen, dass sie Zukunft haben, wenn sie zum harten Mörtel werden, *aus dem die Städte gebaut sind*[145].

Das Privateste des Menschseins hat Brecht ein Leben lang gestaltet. Seine Liebesgedichte gehören zum Schönsten, Eigenwilligsten seines Werks, er selbst stufte sie in einem Brief an Helene Weigel als Kompensationsdichtung ein: *Außerdem wie immer, wenn unbeschäftigt und verwaist, pornografische Sonette.*[146] Brecht, der Hedonist in Sachen Erotik, bedient sich in seiner frühen (wie auch späten) Liebeslyrik einer Offenheit, die zu unterschiedlichen Erklärungsversuchen geführt hat. So erscheinen seine Tabubrüche als Teil eines Protests gegen die täglich gelebte bürgerliche Doppelmoral im Vorkriegsdeutschland und damit als Frontalangriff auf das verordnete und kollektiv internalisierte Sündenbewusstsein. Ebenso plausibel ist aber auch, dass die in den Gedichten gestalteten erotischen Szenarien für den jungen Augsburger eine Ersatzwelt boten, in der ausgelebt werden durfte, was die Kleinstadtmoral nicht zuließ. Ausgelebt hat Brecht in diesen Gedichten allerdings stärker noch seine Lust, literarisch zu opponieren und zu erneuern. So sehr er gegen das moralische Korsett des Wilhelminismus anschreibt, so sehr bricht er in seiner Lyrik mit den traditionellen, verbrauchten Formen der Liebesdichtung. Mit der Sonett-Form stellt sich Brecht in jene Tradition, die die vulgäre Sprache des Volkes in die Dichtung aufnahm, wie Dante in «De vulgari eloqentia», wie auch Pietro Aretino in seinen «Kurtisanengesprächen». Zotig, provokant klingt auch Brechts Realismus, wenn dort *gefickt* wird, *daß die Fotze raucht*[147], wenn von den Dirnen statt breiter Stirnen breite Hüften ersehnt werden, wenn Mädchen mit der Bitte

Laß Dich stopfen[148] angesprochen werden, da es die *Dutten*[149] grö-ßer und den Bauch kugelrund mache, wenn ein *durchschnittlicher Beischlaf*[150] in Form des Sonetts bilanziert wird. Ob die *Verderbte Unschuld*, schon mit elf Jahren *sündig wie ein Dreihellerweib*[151], oder die im Spital liegende Katharina, die gesteht: *Ich brauche einfach meinen geregelten Geschlechtsverkehr / Alles andere ist Seife / Ich arbeite wie ein Pferd bitte sehr / Mir ist nichts geholfen mit der sittlichen Reife*[152] – stets verbirgt sich hinter dem deftigen Ton ein literarisches Spiel, das Sinnliches in die Form der Kunst einschmilzt, dabei ohne tradierte Klischees auskommt, und Sexualität als Teil der Liebe auch sprachlich anerkennt. Brecht benutzt Formen und Formeln der Trivialliteratur, erlaubt sich aber auszusprechen, was sich jene verbietet. So in der *Keuschheitsballade in Dur oder Der Jüngling und die Jungfrau*, in der die bürgerlichen Jugendlichen nach dem Sündenfall zur eingeübten Wohlanständigkeit zurückkehren. Die poetische *Scham auf der Stirne*[153] signalisiert das gemeinsame Einverständnis, die Liebeserfahrung als *Sauerei*[154] zu verdrängen und den verbotenen Ausflug in die Welt der *Wonne*[155] als Erfahrung abzuweisen. In seinen *Augsburger Sonetten* rückt Brecht, Glückseligkeitsberichte konterkarierend, auch der Grausamkeit der Liebeserfahrung zu Leibe. Im *Sonett* von 1925 ist von einer Liebesnacht die Rede, die im Gedächtnis des Mannes nur schwache Spuren hinterlassen hat. Die Individualität der Partnerin ist in der Erinnerung getilgt, geblieben sind nur Ahnungen, *etwas von ihrem Knie, wenig von ihrem Hals*[156], auch sagt man ihm, *ihr Gesicht vergäß sich schnell*, sie selbst gar, *wenn sie dies läs, sie wüßt nicht, wer es ist.*[157] Die Liebe als identitätsstärkende Erfahrung pervertiert zum Katalysator von Identitätsverlust, macht aus der liebenden Frau ein Nichts. Entfremdung ist in das intimste Verhältnis vorgedrungen, auf die physische Vereinigung folgt die völlige Entzweiung. Die Versachlichung der Sexualität findet ihre institutionelle Korrespondenz in der Prostitution, das zynische Verhältnis zwischen Freier und Dirne weist bei Brecht tief ins bürgerliche Leben, selbst in die Ehe hinein. Im *Sonett Nr. 10: Über die Notwendigkeit der Schminke* stellt Brecht die stolze Dirne gar über die von Scheinmoral gedrückten bürgerlichen Damen, *welche ihren Schoß verstecken / Vor aller Aug gleich einem faulen Fisch*[158], ihren Bedürfnissen aber heimlich in anonymem Sex nachgehen. Neben der Gesellschaftskritik mischt sich Melancholie in die Lyrik, die von der rasanten Vergänglichkeit der Liebesangelegenheiten erzählt. Die graue Strähne im Haar der jungen Geliebten beim morgendlichen Abschied irritiert ebenso wie die Ahnung in *Ein bitteres Liebeslied*, dass die Geliebte einst schön gewesen sein muss, doch sind Antlitz und Erlebnis vergangen und vergessen. Brechts Liebeslyrik wird mit zunehmendem Alter radikaler und direkter, dabei verliert die polemische Auseinandersetzung mit der Tradition an Bedeutung. Neben als pornographisch eingestuften Sonetten, die er aus räumlicher Distanz an seine Mitarbeiterin und Geliebte Margarete Steffin richtete, entstehen Gedichte, die sich über Naturbilder der Liebesthematik nähern. In den *Terzinen über die Liebe* sind es die in großem Bogen fliegenden Kraniche, die von der Endlichkeit der Liebe im unendlichen Raum erzählen, vom Schwebezustand eines Zusammenseins, das *seit kurzem* erst begonnen hat und *bald* schon enden wird.[159] Die Paradoxien der Liebe selbst und nicht ihre gesellschaftskritischen Implikationen kommen hier zur Sprache. In seiner Liebeslyrik erweist sich Brecht als freier Geist, der mit einer Vielfalt von Formen experimentiert, vom weitschweifigen Sonett bis zum lakonisch pointierten Dreizeiler, wie jenem, der mit *Schwächen* betitelt ist: *Du hattest keine / Ich hatte eine: / Ich liebte.*[160]

Von «Mann ist Mann» bis zur «Dreigroschenoper»

Während Brecht in seinen Sonetten den Identitätsverlust kritisch bilanziert, versteht er ihn in seinem Lustspiel *Mann ist Mann* als unabwendbaren Preis für die durch Industrialisierung hervorgebrachten gesellschaftlichen Umwälzungen. Das Thema der Austauschbarkeit von menschlicher Individualität, durch die Erfahrung des Ersten Weltkriegs angestoßen, spielt in Brechts Tagebüchern eine herausragende Rolle. 1919 konzentriert er es in einem Plot: Ein einfacher Mann wird von einer zweifelhaften Sorte von Spaßvögeln getrieben, die Rolle eines anderen zu spielen. Der Mann heißt zunächst Galgei, später Galy Gay, und ist Held in dem 1925 abgeschlossenen Stück *Mann ist Mann*. Schauplatz ist, wie-

derum im Sinn exotischer Distanz, Indien, wo der Packer Galy Gay
von drei Soldaten der englischen Armee überredet wird, die Rolle
des abhanden gekommenen Soldaten Jeraiah Jip zu übernehmen.
Gay, dem es gefällt, so zu sein, wie die Leute ihn haben wollen,
nimmt die neue Identität bereitwillig an. So verleugnet er seine
eigene Frau und macht sich wissend des Betrugs schuldig, indem
er sich auf Drängen der Kameraden in ein dunkles Geschäft um
eine Elefanten-Attrappe einlässt. Als Folge wird ihm ein fiktiver
Prozess gemacht, in dem Galy Gay zum Tode verurteilt und exe-
kutiert wird, während der gewandelte neue Gay, der nun Jip ist, dazu angehalten wird, die eigene Totenrede zu halten. Seine Ent-
schlossenheit, die Vergangenheit unwiderruflich aufzugeben und
sich dem soldatischen Kollektiv anzuvertrauen, verleiht dem
einst unauffälligen Packer jene Vitalität und Selbstsicherheit, die
die Armut ihm einst versagte. Die Preisgabe seiner Biographie
lässt ihn zu einer menschlichen Kampfmaschine anwachsen, die
Furore macht: *Du bist wieder von der Art jener großen Soldaten, die in
früherer Zeit die Armee schrecklich machten*[161], bescheinigt ihm Witwe Begbick. Bedenken gegen Gays Entindividualisierungsopera-
tion hat Brecht zunächst widersprochen: Der Held verliere nicht,
er gewinne *etwas durch den mechanischen Eingriff in seine seelische
Substanz und meldet sich nach der Operation strahlend gesund*[162]. Die
Verwandlung ist für Brecht *eine lustige Sache*[163], demgemäß das
Stück eine Komödie, die mit Zirkuseinlagen und Clownerien ihren Spaßwert zu erzeugen versucht. Die spielerische Verwandlung
des Individuums Gay in den Massenmenschen Jip versteht Brecht
als Analogie zur Herausbildung eines *neuen Typus Mensch*, der der
Industriegesellschaft adäquat ist: Dieser werde *sich nicht durch die
Maschinen verändern lassen, sondern er wird die Maschinen verändern.*[164] Brecht reagiert damit auf die Herausforderungen des Einzelnen in der industriellen Produktion und der großstädtischen
Lebenswelt. Dass er anstelle der menschlichen Verkrüppelungen,
die dieser Prozess fordert, sein Augenmerk auf das emanzipatori-
sche Potenzial der Vermassung lenkt, lässt Einflüsse des Zeitgeis-
tes in Form des «Fordismus» vermuten. In seinem viel gelesenen
Buch «Mein Leben und Werk» hatte Henry Ford den modernen
Kapitalismus als soziale Vision propagiert. In euphemistischem
Sinn sieht Brecht später in der Ford'schen Fabrik *technisch betrach-*

tet, eine bolschewistische Organisation[165], die zum bürgerlichen Individualismus nicht mehr passe. Der ummontierte Gay hat diesem Forschritt Rechnung getragen, indem er sich für die Massengesellschaft tauglich gemacht hat.

Spätere Überarbeitungen des Stückes nehmen von dem unkritischen Begriff der Vermassung Abstand. Brecht sieht den Einzelnen zunehmend als Ausgebeuteten und Opfer, der in kapitalistisch-industriellen wie militärischen Kollektiven zweckentfremdet wird. In diesem Sinn tendiert Galy Gay in der zweiten Berliner Aufführung 1931 zu einem negativen Helden, der als eilfertiger Befehlsempfänger und mörderischer Soldat ein soziales Risiko darstellt: *Man kann, wenn wir nicht über ihn wachen / Ihn über Nacht auch zum Schlächter machen*[166], heißt es nun in einem Zwischenspruch. Die Erfahrung der faschistischen Massenbewegung und des Zweiten Weltkriegs lässt Brecht die negative Qualität seines Helden ins Kriminelle steigern; das reibungslose Ummontieren Gays steht für die Verführungskunst der Nazis, die das unbestimmte Verlangen der Kleinbürger nach dem geschichtlich reifen, echten sozialen Kollektiv der Arbeiter ausbeuteten.

Mann ist Mann ist ein Stück über die Zerstörung der Persönlichkeit, das mit der Demontage des individuellen Helden, der Substanz des aristotelischen Dramas, arbeitet. Damit sind die Grenzen des alten Theaters ausgereizt, das Publikum muss in neuer Weise angesprochen bzw. integriert werden. In diesem Sinn präsentiert sich das Stück als ein Experiment, das seinen Ausgangspunkt als Hypothese des Veranstalters kenntlich macht: *Herr Bertolt Brecht behauptet: Mann ist Mann / Und das ist etwas, was jeder behaupten kann. / Aber Herr Bertolt Brecht beweist auch dann / Daß man mit einem Menschen beliebig viel machen kann.*[167] Der Zuschauer ist damit nicht nur Adressat, sondern auch Instanz, die den Ausgang des Experiments zu beurteilen hat. Damit hat der Stückeschreiber einen weiteren Schritt hin zu einem Theater getan, das seinen Blick auf die Gesetzmäßigkeiten der sozialen Wirklichkeit richtet und das er in seiner ausformulierten Form als episches oder dialektisches Theater bezeichnen wird.

Im Jahr 1926 lernt der Stückeschreiber eine Theorie kennen, die sein Leben und Werk entscheidend bestimmen wird: den Marxismus. *Ich stecke acht Schuh tief im «Kapital». Ich muß das jetzt genau wissen*[168], schreibt er an Elisabeth Hauptmann. Zur Vorbereitung des *Joe Fleischhacker* will er die Dynamik der Weizenbörse in Chicago durchleuchten. Zu Hilfe kommt ihm dabei der Soziologe Fritz Sternberg. Systematisches Denken war Brechts Stärke nicht, so kommentierte Sternberg: «Sie denken nicht in geraden Linien, Sie denken im Rösselsprung. Sie denken in Assoziationen, auf die sonst kaum jemand käme.»[169] Sternberg bestärkte Brecht in seiner Ablehnung des bürgerlichen Theaters, forderte statt großer Individuen Klassen auf der Bühne, die heute die Geschichte nicht nur bestimmen, sondern auch nach außen immer mehr als die bestimmenden Geschehnisträger sichtbar würden. Auf ähnliche Weise arbeitete Erwin Piscator, der mit Hilfe technischer Neuerungen wie Film, Laufbändern und Projektionen politische Tageskämpfe auf der Bühne dramatisierte. Zwar lobte Brecht Piscators technisches Niveau, lehnte sein Theater jedoch als in der Substanz konventionell ab, da es über Bühneneffekte hinaus nicht modern sei, sondern eher antirevolutionär, indem es nur passiv und reproduzierend verfahre. Tatsächlich kam es zu keiner nennenswerten Zusammenarbeit zwischen den beiden Theatermachern. Den Einfluss Piscators auf sein Theater schätzte Brecht im Rückblick allerdings hoch: Historisierung und Verfremdung habe es auf originelle Weise bereits bei Piscator gegeben. *Vor allem war die Wendung des Theaters zur Politik Piscators Verdienst, und ohne diese Wendung* sei sein eigenes Theater *kaum denkbar.*[170]

Folgenreich für Brechts Werk wurde die Bekanntschaft mit dem Komponisten Kurt Weill, der mit dem Vorschlag an den Dichter herangetreten war, für die «Festwochen Neuer Musik» 1927 in Baden-Baden eine Brecht-Vertonung einzureichen. Gemeinsam

Kurt Weill, geboren 1900 in Dessau, studierte an der Musikhochschule Berlin und gehörte zu Ferruccio Busonis Meisterklasse. Nach anfänglichen kammermusikalischen Kompositionen wandte er sich in Zusammenarbeit mit Georg Kaiser und vor allem Brecht dem sozialkritischen Musiktheater zu. Seine Tonsprache, die Elemente von Jazz, Ballade und Kabarett vereinigt, verhalf der «Dreigroschen»- wie der «Mahagonny»-Oper zum Erfolg. Seine Ehefrau, die Schauspielerin Lotte Lenya, wurde zur bedeutendsten Vermittlerin seiner Songs. 1935 ging Weill ins amerikanische Exil und reüssierte unter anderem mit «Lady in the Dark» am Broadway. Er starb 1950 in New York.

Kurt Weill, 1927.
Foto von Lotte Jacobi

erarbeiten sie ein Songspiel, das auf Brechts Mahagonny-Gesängen aus der *Hauspostille* basiert und das als negative Utopie von Geld, Fressen und Saufen in einem Boxring inszeniert wird. Daraufhin entschließen sich beide Künstler, eine abendfüllende Oper zu schreiben, in der sich der alte und der neue Brecht, der Provokateur und der Sozialkritiker gleichermaßen einbringen: die *Dreigroschenoper*.

Gesindel, so der vorläufige Titel der *Dreigroschenoper*, geht auf eine Entdeckung Elisabeth Hauptmanns zurück. Die Brecht-Mitarbeiterin war auf die Londoner Aufführung von John Gays «The Beggar's Opera» aufmerksam geworden. Sie übersetzte die Satire aus dem 18. Jahrhundert ins Deutsche, und Brecht, auf der Suche nach neuen Anregungen, machte sich bereitwillig an die Bearbeitung. Mit der *Dreigroschenoper* begeben sich die Autoren in eine Verwertungsindustrie, die, so Weill, «bisher einer völlig anderen Art von Musikern, von Schriftstellern reserviert war»[171]. Das höchst effektiv konstruierte Unterhaltungsstück, das mit dem Begriff «Oper» eher polemisch spielt und das von Ernst Josef Aufricht, dem Produzenten, als «literarische Operette mit einigen sozialkritischen Blinklichtern»[172] bezeichnet wurde, wird zu einem der spektakulärsten Bühnenerfolge der zwanziger Jahre. Brecht und Weill gelingt das Unerwartete und vor allem Unbeabsichtigte, nämlich hohe Kunst, die kommerziell erfolgreich und konsumierbar ist. Während Gay sein Stück gegen die betrügerischen Auswüchse seiner Zeit schrieb, ist der Betrug bei Brecht nunmehr unstrittiger Teil der gesellschaftlichen Regeln. Der kriminelle Mikrokosmos, den seine Oper entfaltet, steht für eine bürgerliche Ordnung, die eine genuin betrügerische ist, die Ehrbarkeit und Redlichkeit nur noch als unverbindliche Formeln mit sich schleppt. *Ich hatte zu zeigen versucht,* kommentiert Brecht fünf Jahre später, *daß die Ideenwelt und das Gefühlsleben der Straßenbanditen ungemein viel Ähnlichkeit mit der Ideenwelt und dem Gefühlsleben des soliden Bürgers haben.*[173] Ist «The Beggar's Opera» ein Drama der Charaktere, so lenkt Brecht das Augenmerk auf das gesellschaftliche Umfeld: *Die Welt ist arm, der Mensch ist schlecht. / Wir wären gut – anstatt so roh / Doch die Verhältnisse, sie sind nicht so.*[174] Aus Macheath macht er einen Akteur, der das Geschäft des Verbrechens leidenschaftslos, dabei mit unternehmerischer Raffinesse und ökonomischer Effizienz betreibt. Dessen Gegenfigur, der edle und selbstlose Hehler Peachum, wird bei Brecht zu einem monopolistischen Unternehmer, der als zynischer Bettlerkönig seinen Angestellten die erforderliche Ausstattung besorgt. Er folgt der Maxime, dass künstliche Verstümmelungen stärker wirken als natürliche, und wacht über die Lizenzen, um «wildes Betteln» zu ahnden. Seine Tochter Polly garantiert die bürgerliche Fassade des Bettlerunternehmens. Peachum degradiert sie zu einem Teil des geschäftlichen Inventars, wenn er zu seiner Frau sagt: *Du schmeißt mit Deiner Tochter um Dich, als ob ich Millionär wäre!*[175] Polly ist Ware ebenso wie die Huren, die ihren schönen Körper verkaufen, und wie die Bettler, die ihren hässlichen, verstümmelten Körper ausstellen. Sie alle werden auf den Markt geworfen und von Peachum dirigiert und ausgebeutet. Brecht montiert in seiner Oper Triviales und Sozialkritisches nebeneinander. Ironisch zitiert er Romantizismen wie *Siehst du den Mond über Soho*[176], um parallel die soziale Not der Menschen anzuprangern: *Denn wovon lebt der Mensch? Indem er stündlich / Den Menschen peinigt, auszieht, anfällt, abwürgt und frißt / Nur dadurch lebt der Mensch, daß er gründlich / Vergessen kann, daß er ein Mensch doch ist.*[177]

Unterhaltungswert schlägt das Stück aus seinen Brechungen: Kriminelles wird romantisiert, Zuhälterei folklorisiert, Asoziales kühl versachlicht. Ein kulinarischer Faktor ist auch Weills Komposition, die Elemente aus Tanzmusik, Schlagermusik, Kabarett und Jazz zusammenführt. Zwanzig Musiknummern entstehen in dieser Montagetechnik, für Weill ein Zugehen auf das Unterhaltungsmedium, was Arnold Schönberg als musikalischen Rück-

schritt des jungen Komponisten kritisiert. Weills Songs sind oft
ausgekoppelt aus der Handlung, sie unterbrechen diese, um das
Augenmerk, wie bei dem Lied der Seeräuberjenny, auf einzelne
Personen und ihre Haltungen zu fokussieren.

Zur Geschichte der *Dreigroschenoper* gehört der unheilvolle
Verlauf der Proben: Noch kurz vor der Premiere traten Schauspieler von ihren Rollen zurück, andere wurden krank, Songs wurden
herausgenommen und neu geschrieben. Brecht war gezwungen, den Text der sich stetig ändernden Personalsituation sowie
den Eitelkeiten der Beteiligten anzupassen. Der Premierenerfolg
war ebenso stürmisch wie unerwartet. Die Songs rissen das Publikum mit, mit Da-capo-Rufen zwang man die Schauspieler, fast jedes Lied ein- oder zweimal zu wiederholen. Die Kritik dagegen rea-
gierte skeptisch bis ablehnend. «Die Weltbühne» nannte das
Stück einen «Schwabinger Atelierscherz»[178] und einen «mit viel
zu großartigen Mitteln aufgezogenen Künstlerklamauk»[179], die

konservative Presse sprach von «literarischer Leichenschändung»[180]. Dass die *Dreigroschenoper* vom Publikum unbeschwert als Amüsiertheater genossen wurde, irritierte Brecht. Der Erfolg sei ein Ergebnis all dessen, *worauf es mir nicht ankam: die romantische Handlung, die Liebesgeschichte, das Musikalische*[181]. In einer späteren Fassung verschärft er die politische Dimension. Den berühmten Satz *Was ist ein Dietrich gegen eine Aktie. Was ist ein Einbruch in eine Bank gegen die Gründung einer Bank?*[182], geschrieben für das Stück *Happy End*, schlägt er nun der *Dreigroschenoper* zu. Auch für eine geplante Verfilmung des Werkes spitzt er die gesellschaftskritischen Elemente zu, um eine triviale Konsumierbarkeit zu erschweren. Diese Bearbeitung führt allerdings zum Bruch mit der Filmgesellschaft, und sie wird nicht realisiert.

An die Premiere schloss sich eine Diskussion an, die von dem Kritiker Alfred Kerr ausgelöst wurde und sich auf den auch später wiederholt erhobenen Vorwurf konzentrierte, Brecht bediene sich in seinen Texten auf unzulässige Weise fremder Werke. So enthalte die *Dreigroschenoper* Verse Villons, ohne dass der Name des Übersetzers genannt würde. Brecht antwortete, dass von den 625 Versen tatsächlich *25 mit der ausgezeichneten Übertragung Ammers identisch sind*[183]. Er habe die Erwähnung des Namens Ammer vergessen, und fügte relativierend hinzu: *Das wiederum erkläre ich mit meiner grundsätzlichen Laxheit in Fragen geistigen Eigentums.*[184] Brecht empfand die bald zur Kampagne anwachsende Kritik als kleinmütig; Blütezeiten der Literatur hätten sich stets der Plagiate bedient, und dies zu Recht. Das Beharren auf geistigem Eigentum sei eine Sache, *die zu Schrebergärtchen- und dergl. Angelegenheit gehört*[185]. Angestauter Unmut begegnete dem Erfolgsdichter Brecht, es gab aber auch gewichtige Stimmen, wie die von Karl Kraus, die ihm beisprangen: «Im kleinen Finger der Hand, mit der er fünfundzwanzig Verse der Ammerschen Übersetzung von Villon genommen hat, ist dieser Brecht originaler als der Kerr, der ihm dahinter gekommen ist [...].»[186] Als dem Stückeschreiber 1942 in Hollywood eine Filmstory, die er zusammen mit der Schauspielerin Elisabeth Bergner entwickelt und die diese auf einer Party herumerzählt hatte, gestohlen und hinter seinem Rücken an ein Filmstudio für 35 000 Dollar verkauft wurde, beantwortete er diese lässige Aneignung seines geistigen Eigentums allerdings mit großer Bitterkeit.

Elisabeth Hauptmann und Brecht in der Spichernstraße 16

Der Erfolg der *Dreigroschenoper* reizte Brecht, ein weiteres Publikumsstück für das Theater am Schiffbauerdamm zu schreiben. Zwar steckte er selbst tief in der Arbeit an den Lehrstücken, brachte auch nur mäßige Leidenschaft auf für das *Massary-Geschäft*, wie er die Komödie nach Fritzi Massary, dem bestbezahlten Operettenstar der Berliner Vergnügungsindustrie, nannte. So bat er Elisabeth Hauptmann im Frühjahr 1929 um den Text für *eine teils rüh-rende, teils lustige Sache für etwa 10 000 Mark*[187]. Die Fabel, die auf einer Erzählung Hauptmanns basierte, skizziert er so: *Milieu: Heilsarmee und Verbrecherkeller. / Inhalt: Kampf des Bösen mit dem Guten. Pointe: Das Gute siegt.*[188] *Happy End* wird ein eigenständiges Stück der Hauptmann, zu dem Brecht die Songs, darunter so erfolgreiche wie den Bilbao-Song und das Lied vom Surabaya-Johnny, und Weill die Musik beisteuert. Die Uraufführung am 31. August 1929 ist ein Misserfolg: Das Publikum und die Kritik reagierten ablehnend, es kam gar zu Tumulten, innerhalb einer Woche wurde das Stück abgesetzt.

Die Tatsache, dass die Autorenschaft an *Happy End* in der Literaturgeschichte immer wieder Brecht zuerkannt wurde, verweist auf ein generelles Problem der Brecht'schen Arbeitsweise. Da Brecht kollektiv arbeitete, ist die Quantifizierung und Qualifizierung der jeweiligen Anteile nicht immer eindeutig. Selbst wenn Elisabeth Hauptmann im Fall von *Happy End* unbestritten die primäre Autorin ist, so steht die Produktion doch im Einflussbereich Brechts, sei es durch explizite auf die *Dreigroschenoper* bezogene Vermarktung des Stücks, sei es durch die dramaturgische Beratung Brechts, sei es durch die Songs, deren Erfolg von Beginn an in krassem Gegensatz zum Misserfolg des Stückes standen. Elisabeth Hauptmann, seit 1925 Brechts ständige Mitarbeiterin, müsste, so vermuten die Brecht-Forscher, «wahrscheinlich in noch manch anderen Fällen als Autorin von Brecht-Texten angegeben sein»[189]. Diese Annahme darf auf andere enge Mitarbeiter, die in der Regel Frauen waren, ausgedehnt werden. Wie sich die Zusammenarbeit Brechts mit Elisabeth Hauptmann gestaltete, illustriert schon die Tatsache, dass beide zeitweise im selben Haus nebeneinander liegende Wohnungen bewohnten, die mit einem Haustelefon verbunden waren. So stand die Mitarbeiterin dem Dichter Tag und Nacht zur Verfügung: «Man hat gearbeitet und dann hat man sich im Verlaufe des Tages noch angerufen, mir ist da noch was zu eingefallen, oder, ich glaube, das geht doch nicht, wie wir's heute morgen hatten. Und dann wurde am nächsten Morgen wieder angefangen. Oder Brecht rief noch ganz spät an und sagte, ich glaube, jetzt hab ich's wirklich.»[190] Zu Schriftstellern wie Thomas Mann und Franz Werfel, die in strenger Abgeschiedenheit schufen, steht

Brecht in denkbar größtem Gegensatz. Spätestens seit der Zusammenarbeit mit Lion Feuchtwanger erscheint ihm die Form des gemeinsamen Arbeitens, die er schon in Augsburg in seiner Dachstube praktizierte, unverzichtbar. Er stöhnt, ohne Mitarbeiter habe er das Gefühl, das ganze Versailles mutterseelenallein ausbaden zu müssen. Mitarbeiter waren Partner, die kommentierten, kritisierten, Vorschläge machten und auf diese Weise den Autor stimulierten und auf neue Wege brachten. Bronnen schreibt über Brechts Arbeitsweise: «Brecht spazierte, behaglich an seiner Zigarre schmauchend, durchs Zimmer, hörte sich dabei Argumente und Gegenargumente von Dutzenden von Leuten an, witzelte, zwinkerte und blieb doch unbeirrbar auf seiner Linie. Er ritt seinen Gedanken weiter, bis er ihn, großartig formuliert, gleich vor einem Miniaturpublikum einem seiner stets anwesenden dienstbaren Geister diktierte. Sein Hirn schien mir ein tintenfischähnliches Saugorgan, sich ständig mit Polypen-Armen Material zuwachelnd.»[191] Für seinen kollektiven Arbeitsstil fand Brecht sogar große historische Vorgänger. Auch Shakespeares Stücke seien, behauptet er, *rein technisch so montiert, daß ich die Arbeitsweise eines Kollektivs zu erkennen glaube*[192]. In jeder der Brecht'schen Kollektivarbeiten allerdings ist, ungeachtet enger und wechselnder Mitarbeiter, der Stil und die Originalität des Stückeschreibers unverkennbar. Das zeigt, dass Brecht im gemeinsamen Arbeiten stets die entscheidende Instanz blieb, was ihn im Verhältnis zu seinen Mitarbeitern als eigentlichen Autor legitimiert.

«Mahagonny» und private Turbulenzen

Hatte Brecht mit der *Dreigroschenoper* erfahren müssen, dass seine Gesellschaftskritik ignoriert, ja kulinarisch konsumiert wurde, so bemüht er sich bei seiner nächsten Oper, einem solchen Missverständnis vorzubeugen: *Aufstieg und Fall der Stadt Mahagonny* ist eine Weiterführung des in Baden-Baden aufgeführten Songspiels. Brecht benutzt die Kunstform Oper für eine radikale Bilanz der kapitalistischen Lebenswelt. Der imaginäre Ort ist die Vergnügungshölle Mahagonny, in der der totale Genuss oberste und einzige Maxime ist. Holzfäller aus Alaska schuften für dieses irdische Paradies: *Alles habe ich ertragen / Um hier herzukommen.*[193] Ist der Mahagonny-Typus der *Hauspostille* noch ein romantisch-zynischer Vertreter, der sich bis zur Selbstzerstörung auslebt, so erweist sich dieses Lebensmodell für den gesellschaftskritisch gewandelten Brecht immer stärker als Illusion. Mahagonny ist zwar der ersehnte Ort, *wo man alles dürfen darf*[194], doch schon diese Freiheitsregel hat den Preis der brutalen Rücksichtslosigkeit: *Wenn einer vorübergeht und hat Geld / Schlag ihn auf den Kopf und nimm dir sein Geld.*[195] Der Holzfäller Paul Ackermann, der diese Empfehlung ausspricht, wird an dem einzigen Tabu scheitern, das in Mahagonny herrscht und das zu verletzen einem Verbrechen gleichkommt: Ihm fehlt das Geld, um drei Flaschen Whiskey und eine Storesstange zu bezahlen. Kein Geld zu haben, *was das größte Verbrechen ist / Das auf dem Erdenrund vorkommt*[196], wird in Mahagonny mit der Todesstrafe geahndet. Brechts Oper versteht sich als Spiegelbild kapitalistischer Realität, in der Geld den menschlichen Alltag beherrscht und die sozialen Beziehungen einer totalen Verdinglichung unterwirft. Statt mit erhoffter Glückserfüllung muss mit sozialer Grausamkeit gerechnet werden. Eiskalt formuliert Jenny diese Erkenntnis in ihrem Song, einer gefährlich betörenden Komposition: *Denn wie man sich bettet, so liegt man / Es deckt einen keiner zu / Und wenn einer tritt, dann bin ich es / Und wird einer getreten, dann bist's du.*[197] Weills Musik fungiert in Brechts Theater, und dies im scharfen Kontrast zur klassischen Oper, als nachrangig gegenüber Text und Bühnenhandlung, sie ist nicht handlungstreibend, sondern schafft Unterbrechungen, die zur Reflexion einladen. Als eine Musik, «aus Dreiklängen und falschen Tönen zusammengenagelt», hat Theodor W. Adorno Weills Komposition gelobt, die «von der ersten bis zur letzten Note dem Choc gilt, den die jähe Vergegenwärtigung der verfallenen Bürger-

> Herausstürzend aus dem Untergrundbahnhof, begierig, Wachs zu werden in den Händen der Magier, hasten erwachsene, im Daseinskampf erprobte und unerbittliche Männer an die Theaterkassen. Mit dem Hut geben sie an der Garderobe ihr gewohntes Benehmen, ihre Haltung ‹im Leben› ab; die Garderobe verlassend, nehmen sie ihre Plätze mit der Haltung von Königen ein.
>
> Brecht, 1930

welt erzeugt»[198]. Die Uraufführung vor klassischem Opernpublikum am 9. März 1930 in Leipzig wird zu einem der größten Theaterskandale der Weimarer Republik. Der Berliner Erstaufführung im Jahr darauf liegt bereits eine zweite, veränderte Fassung zugrunde. Während der Proben im Dezember 1931 kommt es zum Streit zwischen Brecht und Weill, der in einem Zerwürfnis endet. Brecht schlägt einem Fotografen, der die beiden gemeinsam aufgenommen hat, die Kamera aus der Hand und ruft dem Komponisten, der den Raum verlässt, laut hinterher: *Den falschen Richard Strauss werfe ich in voller Kriegsbemalung die Treppe hinunter.*[199] Weill hatte sich dem Brecht'schen Konzept einer Epischen Oper nicht beugen wollen.

Der unkonformistische Stückeschreiber ist inzwischen gutbürgerlich situiert. Seit 1928 bewohnt er eine großzügige Wohnung in der Nähe des Kurfürstendamms. Umsorgt wird er von Mari Hold, dem Dienstmädchen aus dem Augsburger Elternhaus, das ihm nach Berlin gefolgt war. Mitten in der Weltwirtschaftskrise kauft er sich einen Landsitz am Ammersee. Seinen Wohlstand zu Beginn der dreißiger Jahre beschreibt er nicht ohne Selbstzufriedenheit so: *Ich habe vorteilhafte Verträge abgeschlossen, die mir ein meinen Wünschen entsprechendes Leben ermöglichten, ich besitze Häuser, einen Wagen, ich unterhalte eine Familie, beschäftige Sekretäre, und das, obwohl der Charakter meiner Arbeiten ein eher marktfremder genannt werden muss.*[200] Am 10. April 1929 heiratet er Helene Weigel, im Jahr darauf wird Barbara, ihr zweites Kind, geboren.

Die Heirat löst Bestürzung im Kreis der ihm nahe stehenden Frauen aus. Die Schauspielerin Carola Neher wendet sich gekränkt von ihm ab, auch wenn er ihr beteuert, die Heirat habe nichts zu bedeuten. Seine engste Mitarbeiterin und Geliebte, Elisabeth Hauptmann, schneidet sich die Pulsadern auf, wird aber gerettet. In einem Gedicht bittet Brecht sie um Verständnis: *Du wurdest übersehen wie das Nächstliegende.*[201] Mit der Schriftstellerin Marieluise Fleißer, die er 1920 bei Feuchtwanger in München kennen gelernt hatte, kommt es zum Bruch. Er hatte ihr Stück «Pioniere in Ingolstadt» an das Theater am Schiffbauerdamm empfohlen, nahm sich allerdings das Recht heraus, es ohne ihre Zustimmung zu verschärfen. So ist die Trennung der Schriftstellerin von dem Liebhaber

Brecht, dem sie sich so bedingungslos hingegeben hatte und den sie stets hatte teilen müssen, auch eine Befreiung von einem übermächtigen Dichter, der sie einengte. Allerdings wirkt sich die Ferne von Brecht eher als hinderlich für ihre literarische Emanzipation aus, lange Zeit wird sie das Schreiben ganz einstellen. Erst 1962, Brecht ist bereits sechs Jahre tot, widmet sie dem Stückeschreiber mit der Erzählung «Avantgarde» ein Porträt, das ihn als einen Unerbittlichen, Rücksichtslosen beschreibt, der seine Theaterideen mit gnadenlosem Fana-

Marieluise Fleißer, 1929.
Foto von Jaro von Tucholka

tismus verfolgt. Der Text erweist sich als Abrechnung, die eher einen selbsttherapeutischen denn einen dokumentarischen Zweck verfolgen dürfte.

Brechts unorthodoxes Verhältnis zu Frauen ist von der Biographik immer wieder erforscht, gedeutet, auch verurteilt worden. Zu den Konstanten dieser Betrachtung gehört die Tatsache, dass die ausschließliche Zuwendung oder gar eheähnliche Lebensperspektive, auf die seine zahlreichen Geliebten immer wieder hofften oder drangen, von Brecht nicht zu bekommen war. Liebesbeteuerungen ließ er sich nicht abpressen, Klagen seiner Partnerinnen wies er kategorisch zurück: *Das Kleinbürgerthema, daß ich Dich nicht genug liebe, das dümmste und niedrigste aller möglichen Themen […].*[202] Wenige Jahre zuvor erst hatte er die prominente dänische Schauspielerin und Autorin Ruth Berlau gebeten, sich für eine gemeinsame Existenz mit ihm zu entscheiden, was allerdings die Akzeptanz seiner Ehe und weiterer schon existierender Liebesbeziehungen einschloss: *Denn von jetzt ab warte ich auf dich, wohin ich auch komme, und ich rechne immer mit dir.*[203] Brecht zog die Frauen an sich heran, bestand aber, sobald die Liebesbeziehung installiert war, auf Dis-

Ruth Berlau und Brecht

tanz. Nähe stellte sich bei ihm nur über die *dritte Sache* ein, über die gemeinsame Arbeit. Private Intimität und kollektive Intensität verschmolzen bei Brecht zu dem lebenslang praktizierten Modell der Arbeits- und Liebesbeziehung. So waren seine engsten Mitarbeiter zwangsläufig Frauen, die hart, aber immer aus freien Stücken für ihn arbeiteten und die oft als Mitarbeiterinnen namentlich deklariert wurden, in einer Zeit, in der weibliche Mitarbeit wie selbstverständlich anonym blieb. Der Vorwurf, Brecht habe das literarische Talent dieser Frauen missbraucht und ihre Karrieren blockiert, überzeugt kaum angesichts der Tatsache, dass die Mitarbeiterinnen, auf sich selbst gestellt, allesamt literarisch verstummten. Mit Margarete Steffin, die Brecht 1932 als Vierundzwanzigjährige kennen lernt, unterhält Brecht gleichermaßen die vertrauteste wie auch die, neben der mit Elisabeth Hauptmann, literarisch produktivste Beziehung. Die Laienschauspielerin und Kontoristin steht ihm mit unermüdlichem Einsatz zur Verfügung, sie korrigiert und tippt über Nacht die tagsüber entstandenen Manuskriptteile, sie übersetzt aus verschiedenen Sprachen, sie liefert Ideen und Material. Emotional ist sie Brecht ergeben, «versklavt» nennt sie sich selbst und dichtet freimütig: «Rührst du mich nur an, muß ich mich legen. / Weder Scham noch Reue stehn dagegen / Und was sonst noch wacht».[204] Ihrer am Ende tödlichen Tuberkulose begegnet der Stückeschreiber bisweilen mit erschreckendem Desinteresse, eine Noteinweisung ins Krankenhaus kommentiert er genervt: *Jetzt kann sie nicht im Krankenhaus liegen, denn ich brauche sie.*[205] Ihr Tod 1940 trifft ihn dann tief, noch zwei Jahre später notiert er: *[…] ich kann den Verlust nicht verschmerzen, höchstens ihn mir verheimlichen.*[206]

Auch in den letzten Ostberliner Jahren ist das Liebesleben des Dichters bewegt. Der Schauspielerin Käthe Reichel, zu der er eine Liebesbeziehung unterhält, schreibt er, als sie ihm einen Zweig mit gelbem Laub schenkt: *Das Jahr, es geht zu Ende / Die Liebe fängt erst an.*[207] Reichel unternimmt einen Selbstmordversuch, als er mit der Regieassistentin Käthe Rülicke und der Schauspielerin Isot Kilian Beziehungen eingeht. Über Kilian schreibt Brecht: *Meine jetzige Freundin ist wie meine einstige am lieblichsten, wenn sie genießt. Und von beiden weiß ich nicht, ob sie mich lieben.*[208] Ruth Berlau, die langjährige Geliebte, treibt das Aufgebot der jungen Konkurrentinnen in die Verzweiflung. Sie beginnt zu trinken, bezichtigt sich öffentlich als die Hure eines Klassikers und wird zum Ge-

Margarete Steffin und Brecht

sprächsgegenstand der Ostberliner Gesellschaft. Helene Weigel,
über Jahrzehnte fürsorgliche Ehefrau und verlässliche Mutter seiner Kinder, hält nicht ohne Groll das Netz der zahlreichen Neben-
beziehungen aus. Doch trotz aller
Verletzungen und Brüskierungen
ist fast keiner seiner zahllosen
Frauen die Liebe zu dem egozen-
trischen Dichter je abhanden gekommen.

> Ich glaube von jedem Menschen
> das Schlechteste, selbst von mir –
> und ich habe mich noch selten
> getäuscht.
>
> Brecht, 1931

Experimente und neue Medien

Als Brecht 1926 beginnt, sich in den Marxismus zu vertiefen,
meint er es ernst. Er richtet sich eine kleine marxistische Biblio-
thek ein und stürzt sich auf die Theorie. Die Realität gegen Ende
der zwanziger Jahre liefert ihm dafür üppiges Anschauungsmate-
rial: Der Börsencrash 1929 stürzt die Weltwirtschaft in wenigen
Tagen ins Chaos. Arbeitslosigkeit und Armut greifen um sich,
während Berge unverkäuflicher Lebensmittel vernichtet werden.
Zu Brechts Politisierung trägt das Erlebnis des sozialen Elends in
Berlin ebenso bei wie die unmittelbare Erfahrung politischer Exzesse: Mit eigenen Augen sieht er, wie am 1. Mai 1929 unter der
Verantwortung des sozialdemokratischen Polizeipräsidenten Karl
Zörgiebel auf demonstrierende Arbeiter geschossen wird, wie
Menschen tödlich getroffen zusammenbrechen. Vor dem Hintergrund seiner Marx-Lektüre erkennt er in solchen, dem Bürgerkrieg
ähnlichen Situationen Zeichen einer sich ankündigenden revolutionären Umwälzung. Zu seinen Lehrern gehört neben Fritz Sternberg der Philosoph Karl Korsch, dessen Vorlesungen er in Berlin
besucht und der später zeitweise bei Brecht im dänischen Exil leben wird. Korsch, der als Abweichler aus der KPD ausgeschlossen
worden war, insistierte auf der Bedeutung der revolutionären
Theorie, schrieb der «geistigen Aktion» eine entscheidende Rolle
im gesellschaftlichen Handeln zu und begründete damit Brechts
Forderung nach einem *eingreifenden Denken*[209]. Der Stückeschreiber war seit langem auf dem Weg vom kritischen, unbeteiligten

Betrachter zu einem Künstler des politisch-gesellschaftlichen Engagements. Was ihn beschäftigte, war die Frage, wie die neu erworbenen philosophischen und gesellschaftlichen Erkenntnisse in dramatische Formen umgesetzt werden konnten. So wird die Zeit von 1926 bis 1932 zu einer Phase des Experimentierens. Während er mit der *Dreigroschenoper* und *Mahagonny* noch die alte Form bedient, arbeitet er an einer Strategie für einen *Funktionswechsel des Theaters*[210]. Er versucht, wie er rückblickend schreibt, *mit einem kleinen Stab von Mitarbeitern abseits des Theaters, das durch den Zwang, Abendunterhaltungen zu verkaufen, allzu unbewegliche Grenzen hatte, einen Typus theatralischer Veranstaltung auszubreiten, der das Denken der daran Beteiligten beeinflussen könnte*[211]. Ausgangspunkt dieser Experimente ist Brechts Überzeugung, dass die alte dramatische Form nicht mehr tauglich sei, die komplexe moderne Gesellschaft, wie er sie im Rahmen seiner Marxismus-Studien kennen gelernt hat, zu erfassen: *Schon zur Dramatisierung einer simplen Pressenotiz reicht die dramatische Technik der Hebbel und Ibsen bei weitem nicht aus.*[212] Es geht Brecht nicht um eine Theaterreform im Stil der vielen vorausgegangenen, sondern um die Vision eines Theaters gemäß dem marxistischen Geschichts- und Gesellschaftsbild. In den bestehenden Institutionen allerdings waren solche Experimente nur schwer durchführbar. Die Radikalität, mit der Brecht eine neue, nämlich pädagogische Zwecksetzung der Kunst und neue, dafür taugliche Institutionen fordert, spricht für die Zuversicht, mit der er an einen bald zu erreichenden Sozialismus glaubt, in dem seine Vorstellungen verwirklicht werden könnten. Vorerst sucht er jedoch nach Wegen, Experimente unter Umgehung der bestehenden Institutionen durchzuführen. Dazu eigneten sich seiner Ansicht nach die Lehrstücke.

Im *Ozeanflug*, der mit der Musik von Kurt Weill und Paul Hindemith 1929 unter dem Titel *Der Flug der Lindberghs* in Baden-Baden die Lehrstückreihe eröffnete, geht es um Lindberghs Atlantik-Überquerung als Tat nicht eines Einzelnen, sondern einer Gemeinschaft. Brecht tritt in diesem *Radiolehrstück*[213] der bürgerlichen Heldenverehrung entgegen und wertet das Kollektiv auf, indem er den Atlantik-Überquerer schon in der ersten Fassung die kollektiven Voraussetzungen seines Fluges loben lässt: *Aber mel-*

det meinen Kameraden in den Ryanwerken von / San Diego / Daß ihre Arbeit gut war. / Unser Motor hat ausgehalten / Ihre Arbeit war ohne Fehler.[214] In der späteren Druckfassung geht Brecht weiter, indem er die Einzelperson Lindbergh in den Plural setzt (*der Lindberghs*), der moderne Pionier ist nur noch als «wir» denkbar.

Das Lehrstück ist Brechts Theorie zufolge ein besonderer Theatertypus, der keine Zuschauer kennt, der ästhetische Maßstäbe, wie sie für Schaustücke gelten, außer Kraft setzt. Es lehrt, indem es spielt, *nicht dadurch, daß es gesehen wird*[215]: Es ist folglich eine Kunst für die Ausführenden, die Muster gesellschaftlicher Haltungen und Verhaltensweisen kopieren, kritisieren und dadurch verstehen. Als Adressaten dieser Stücke dachte Brecht an gesellschaftliche Gruppen, deren Bewusstseinserweiterung dem gesellschaftlichen Umbruch zugute kommen kann, wie Arbeiterchöre, Laienspielgruppen, Schülerchöre. Mit Blick auf die *Maßnahme* warnt Brecht jedoch davor, den Lehrstücken *Rezepte für politisches Handeln zu entnehmen*[216]. Thematische Konstante dieser Übungen ist das Verhältnis von Individuum und Kollektiv, das der Marxist Brecht wohl auch im Blick auf eine Verortung des Einzelnen im Kollektiv einer zukünftigen Gesellschaft auslotet.

In den Lehrstücken zeigt sich Brechts Vorliebe für ein Lernen ex negativo: Aus der aktiven Kritik am Falschen sollen selbständig Erkenntnisse gewonnen werden. Seine Idee der Produzentenkunst wird am überzeugendsten mit dem Lehrstück *Der Jasager* eingelöst. Wieder kam die Anregung von Elisabeth Hauptmann, die das japanische Theaterstück «Taniko» aus der englischsprachigen Bearbeitung frei ins Deutsche übersetzt hatte. Kurt Weill, der nach einem Text für eine Schuloper suchte, war an der Vorlage ebenso interessiert wie Brecht, dem die epische Struktur des Stückes entgegenkam. So wird das Geschehen in der Exposition wie auch zwischen den Handlungsteilen von einem Chor berichtet. Ein Tempellehrer begibt sich auf eine Pilgerreise in die Berge, ein Knabe, dessen Mutter erkrankt ist, möchte ihn, obwohl es sich um eine *gefährliche Religionsübung*[217] handelt, begleiten, um für die Genesung seiner Mutter zu beten. Während der Reise erkrankt der Knabe und muss sich dem *mächtigen Brauch*[218] beugen, nach dem derjenige, *der auf einer solchen Reise krank wird, ins Tal hinabge-*

worfen werden muß [219]. Der Chor berichtet von der Exekution des Brauchs, mit dem der Knabe sich einverstanden erklärt hat, während die Pilger *die traurigen Wege der Welt und ihr bitteres Gesetz beklagten* [220]. Brecht übernimmt in der ersten Fassung des *Jasagers* 90 Prozent des Hauptmann'schen Textes, säkularisiert allerdings die Fabel. Der Tempellehrer wird zum weltlichen Lehrer, die Pilgerreise zur Forschungsreise in die Berge, statt des Betmotivs will der Knabe nun bei den großen Ärzten Medizin und Unterweisung holen, seine Krankheit wird zum praktischen Hindernis, den schmalen Felsgrat zu überwinden. Die Aufführung des Stückes durch das Berliner «Zentralinstitut für Erziehung und Unterricht» löst eine heftige Debatte aus. Linke Kritiker warnen vor «Kadavergehorsam» [221] und einem «auf sinnloser Autorität gegründeten reaktionärem Denken» [222]. Die völkische Kritik dagegen fühlt sich in der philosophischen Wahrheit bestätigt, «daß der Brauch den Menschen überdauert und überwindet» [223]. Von Brecht angeregt, kommt es im Herbst 1930 zu einer Schulaufführung im Berliner Bezirk Neukölln. Die Reaktionen der beteiligten Schüler werden in einem Protokoll festgehalten, auf dessen Grundlage Brecht eine neue Fassung des *Jasagers* erarbeitet und noch einen *Neinsager* hinzufügt. Damit liegen zwei komplementär angelegte Stücke vor, von denen Brecht sich wünschte, sie sollten möglichst nicht eines ohne das andere aufgeführt werden. Während im *Jasager* der Knabe seiner Tötung zustimmt, um die Hilfsexpedition zur Bekämpfung einer Seuche nicht zu behindern, hat die Expedition im *Neinsager* keine lebensrettende Funktion, es fehlt jedes Motiv für einen Opfertod, und der Knabe verstößt, der Vernunft folgend, gegen den alten Brauch, um einen neuen zu begründen, nämlich den, *in jeder neuen Lage neu nachzudenken* [224]. Brecht geht es um das Einverständnis, sich als Einzelner zugunsten der Gemeinschaft zurückzunehmen, sofern die Notwendigkeit das erfordert. Die tödliche Zuspitzung, die in missverständlicher Weise an Parteigehorsam und stalinistische Selbstopferungen denken lässt, auch wenn Brecht das Gegenteil, nämlich *Ideologiezertrümmerung* [225], beabsichtigte, findet sich genauso in *Die Maßnahme*, seinem umstrittensten Lehrstück. Hier müssen vier kommunistische Agitatoren vor einem Parteigericht erklären, warum die Erschießung ihres jüngsten Genossen zur erfolgreichen Durchführung ihrer propagandistischen Tätigkeit unausweichlich wurde. Drastisch verdeutlicht Brecht, indem der junge Genosse am Ende mit seiner eigenen Auslöschung einverstanden ist, wie hoch der Preis der Befreiung ist. Hat er diesen Preis in *Trommeln* noch zurückgewiesen, so hält er ihn nun für unausweichlich: *Welche Medizin schmeckte zu schlecht / Dem Sterbenden? / Welche Niedrigkeit begingest Du nicht, um / Die Niedrigkeit auszutilgen?*[226] Scharfe Kritik an diesem Stück erntete Brecht auch von denen, in deren Geist das Stück geschrieben war, der Kommunistischen Partei, die ihm mangelnde Kenntnis und mangelnde Konkretheit des Klassen-

Hanns Eisler, 1929

kampfes vorwarf. Ihre Einwände berücksichtigte er in einer Überarbeitung, die von Brecht dann als gültige Fassung angesehen wurde. *Die Maßnahme* ist zudem das erste gemeinsame Werk von Brecht und dem Komponisten Hanns Eisler. Dessen Musik ist parallel zum Text darauf bedacht, Einfühlung abzuwenden. Der Chorgesang wird antioratorisch, durch Straffung und Rhythmisierung gebrochen; Anspielungen auf Klassik und Jazz synthetisieren sich zu einer konsumablen Moderne, Kampflieder politisieren das Stück.

Ein Schriftsteller wie Brecht, der, wie seine Lehrstücke zeigen, an der Wirkung seiner Texte in hohem Maß interessiert war, konnte an den neuen Medien, die das Potenzial besaßen, ein Massenpublikum anzusprechen, nicht achtlos vorbeigehen. Tatsächlich hat Brecht früher als viele Autoren seiner Generation dem Rundfunk und dem Film große Aufmerksamkeit entgegengebracht. Während er Filmprojekte, von denen schon in den frühen Tagebüchern die Rede ist, häufig nur als willkommene, wenn auch für ihn selten ertragreiche Verdienstquellen und somit als künstlerisch zweitrangig ansah, bot ihm der Rundfunk die Möglichkeit, eigene Arbeiten, wie etwa *Mann ist Mann*, zu verwerten. Ebenso wie die bürgerlich administrierten Theater den Ideen des Theatermachers Brecht enge Grenzen setzten, waren auch Rundfunk und Film uneinnehmbare «Apparate», deren Produktionsbedingungen von ihm erst erschlossen werden mussten, um dort kreativ tätig werden zu können. Vom medientheoretischen Standpunkt hat Brecht mit seiner Radiotheorie und dem *Dreigroschenprozeß* die Bedingungen einer demokratischen Umwandlung dieser neuen Medien reflektiert. Aus dem *akustischen Warenhaus*[227] Radio, so seine später entwickelte Vision, das nur distributiv agiere, müsse ein dialogisch agierender Kommunikationsapparat werden, der es *verstünde, nicht nur auszusenden, sondern auch zu empfangen, also den Zuhörer nicht nur hören, sondern auch sprechen zu machen*[228].

In seiner Schrift *Dreigroschenprozeß*, die seine Klage gegen die Filmproduktionsfirma Nero anlässlich der Verfilmung des Dreigroschenstoffs dokumentiert, reflektiert er in der Form eines publizistischen Lehrstücks die Mechanismen einer Justiz, die zwar auf das bürgerliche Gleichheitsideal eingeschworen ist, zugleich aber das wirtschaftliche Getriebe des Kapitalismus nicht stören soll.

Brecht hält die Besetzung des Mediums Film, für ihn das avancierteste Ausdrucksmittel, durch den Schriftsteller für unverzichtbar. *Dem Kopfarbeiter sagen: es stehe ihm frei, auf die neuen Arbeitsmittel zu verzichten, heißt ihm eine Freiheit außerhalb des Produktionsprozesses anweisen.*[229] Prophetisch ahnte Brecht die suggestive Macht des Kinos, die nicht nur auf das Entstehen literarischer Texte, sondern auch auf deren Rezeption Einfluss nimmt: *Der Filmesehende liest Erzählungen anders. Aber auch der Erzählungen schreibt, ist seinerseits ein Filmesehender. Die Technifizierung der literarischen Produktion ist nicht mehr rückgängig zu machen.*[230] Der ästhetische Reiz des Films führte Brecht zu dem Projekt *Kuhle Wampe*, in dem er den Traum von der Übernahme der «Apparate» versuchsweise verwirklicht: *Unter dem frischen Eindruck der Erfahrungen aus dem Dreigroschenprozeß setzten wir, erstmalig in der Geschichte des Films, wie man uns sagte, einen Vertrag durch, der uns, die Hersteller, zu den Urhebern im rechtlichen Sinne machte. Dies kostete uns den An-*

spruch auf die übliche feste Bezahlung, verschaffte uns aber beim Arbei-
ten sonst unerlangbare Freiheiten.[231] Das Drehbuch entstand zusammen mit Ernst Ottwald; Hanns Eisler schrieb die Musik, Regie
führte der bulgarische Brecht-Mitarbeiter Slatan Dudow. Es sollte
der erste und einzige Film sein, in dem Brecht seine Vorstellungen
in allen Arbeitsphasen durchsetzen konnte. Er zeigt hart aneinander geschnittene Episoden aus dem Berliner Arbeiterleben: den
Freitod eines jungen Arbeitslosen, dessen Arbeitslosenrente ge-
strichen wurde; die Vertreibung einer Familie aus der Wohnung,
deren Miete sie nicht mehr bezahlen kann; das Schicksal einer
jungen schwangeren Frau in einer Zeltsiedlung vor der Stadt, die
ihr Kind abtreibt; proletarische Sportkämpfe unter der Beteiligung von über 3000 Arbeitersportlern; ein Gespräch über die Vernichtung brasilianischen Kaffees zum Zweck der Preisstützung.
Während der Film zunächst mit dem Hinweis, er sei eine Auffor-

Brecht, Hanns
Eisler und
Slatan Dudow
bei der Arbeit
an dem Film
«Kuhle Wam-
pe», 1932

derung zum Umsturz, also zur Gewalt, verboten wurde, erzwangen breite Protestaktionen bald seine Freigabe.

Ein Leben lang bemüht sich Brecht darum, im Film zu reüssieren, doch alle seine Versuche scheitern. Immer wieder zwingt ihn die finanzielle Not des Exils dazu, sich an kommerziellen Projekten zu beteiligen, die dann seiner Ästhetik zuwiderlaufen. Auf Vermittlung von Fritz Kortner etwa wird er 1936 mit dem Drehbuch für eine Verfilmung der Oper «I Pagliacci» von Ruggiero Leoncavallo, mit Richard Tauber in der Titelrolle, betraut. Allerdings irritiert sein Festhalten an den eigenen filmdramaturgischen Vorstellungen den Startenor ebenso wie es die Produzenten entsetzt. Man zahlt den Stückeschreiber aus und schickt ihn weg. Auch in Zukunft sollte sich zeigen, dass Brecht allzu ambitioniert an kommerzielle Filmprojekte herangeht, er will dem ästhetischen Potenzial des Films gerecht werden, etwa durch die Verbindung von Spiel- und Dokumentarebenen, und zugleich Parallelen zur epischen Dramaturgie erproben. Auch im Exil in Hollywood, wo der Name Brecht gänzlich unbekannt ist, stürzt er sich auf immer neue Filmideen. Um ins Geschäft zu kommen, nutzt er seine zahlreichen Kontakte, ob zu der Drehbuchautorin Salka Viertel, dem Schauspieler Peter Lorre oder zu den Regisseuren Jean Renoir und Paul Czinner. 1942 schreibt er mit Fritz Lang das Drehbuch zu «Silent City», später in «Hangmen Also Die!» umbenannt, das das Attentat gegen den Nazi-Führer Reinhard Heydrich zum Thema hat. Zwar bringt ihm das Drehbuch ein gutes Honorar von 7500 Dollar ein, Brecht gerät allerdings schnell mit Lang in Konflikt, der einen Hollywood-Film drehen und dabei nicht auf *kleine Spannungen, schmutzige Sentimentalitäten und Unwahrheiten*[232] verzichten will. Auch mit seinen Besetzungsvorschlägen, darunter Ehefrau Helene Weigel, kommt er nicht zum Zuge. Als am Ende gar seine Autorenschaft unter den Tisch zu fallen droht, ruft er das Schiedsgericht der Hollywood Screen Writer's Guild an, um wenigstens als Mitautor eines Films genannt zu werden, den er künstlerisch gar nicht mehr vertreten kann. Mit dem amerikanischen Autor Ferdinand Reyher versucht er, aus seinem Fragment *Joe Fleischhacker* eine Filmstory zu entwickeln. Als ebenso unverkäuflich erweist sich das Drehbuch zu *Silent Witness*, in dem er zusammen mit Sal-

ka Viertel die Geschichte einer französischen Widerstandskämp-
ferin erzählt, die ein SS-Offizier kahl scheren lässt, um sie als Kol-
laborateurin zu denunzieren.

Sosehr Brecht bereit war, sich auf das Niveau der Unterhal-
tung einzulassen, so wenig gelang es ihm, seinen sperrigen Tonfall,
der in Hollywood nicht gefragt war, zu unterdrücken. Noch in den
letzten Lebensjahren bemühte er sich erfolglos um das Medium
Film. Der Entschluss der ihm wohlgesinnten DEFA, *Mutter Courage*
zu verfilmen, führte bald zum Streit. Der Regisseur Wolfgang
Staudte wollte die Rollen im Blick auf einen internationalen Erfolg
mit internationalen Stars besetzen. Brecht dagegen insistierte auf
Schauspielern des Berliner Ensembles, lehnte die Kostüme als zu
operettenhaft ab und bestand auf einer Schwarz-Weiß-Verfil-
mung. Schließlich wurde das Projekt abgebrochen. Von zeitweisen
Zerwürfnissen war auch die Verfilmung des *Puntila* begleitet. Der
Film wurde zwar abgeschlossen, blieb aber ohne Resonanz. Brechts
Filmarbeit scheiterte an der extremen Eigenwilligkeit des Stückeschreibers, der in Kollektiven nur dann produktiv sein konnte,
wenn er selbst den Ton angab. Im Team der Filmschaffenden fehlte
ihm dazu die Autorität.

«Die heilige Johanna» und «Die Mutter»

Brechts gegen Ende der zwanziger Jahre unternommenen Versuche, in kleinen flexiblen Formen Pädagogik und Kunst zu verschmelzen, hat sein Interesse am großen Schaustück nicht gemin-
dert. Allerdings wurden an dieses nun Maßstäbe angelegt, die seiner Theorie des epischen Theaters Rechnung tragen sollten. So ist
die *Heilige Johanna der Schlachthöfe* durch rhetorische Überhöhun-
gen der Dialoge, durch Schrifttafeln und Bilder sowie die Aktion
von Zeitungsverkäufern, die in den Publikumsraum geschickt
werden, um die Geschäfte auf der Bühne zu erläutern, gezielt anti-
aristotelisch ausgerichtet. War für Brecht das europäische Drama
zweitausend Jahre lang vom Prinzip der Einfühlung beherrscht, so
sollte das Theatererlebnis nun um die Aktivität des Verstandes be-

reichert und mit Einsichten in die Wirkungsmechanismen der Gesellschaft belohnt werden. Der metaphorische Ort der *Johanna* sind die Schlachthöfe Chicagos, wo das kapitalistische Effizienzideal, die totale «Verwertung des Schweins bis aufs Grunzen»[233], Wirklichkeit geworden ist.

Stofflicher Hintergrund ist die Wirtschaftskrise des Jahres 1929 mit dem New Yorker Börsenkrach, der eine Kette von Konkursen, grassierende Armut und einen Schwindel erregenden Anstieg der Arbeitslosenzahlen auslöste.

Johanna Dark, der weibliche Leutnant einer der Heilsarmee ähnlichen Organisation der *Schwarzen Strohhüte*, die Gott in die Welt zurückbringen und den Menschen helfen will, wendet sich mit ihrem Anliegen, so wie einst die historische Jeanne d'Arc beim designierten König vorsprach, an den Büchsenfleischkönig Mauler. Dieser von Risikolust und Spekulationsphantasien getriebene Bilderbuchkapitalist ist zwar für menschliches Leid empfänglich, versteht sich aber als Akteur eines für unveränderlich erklärten Systems. Johannas an ihn adressierte, humanitär moti-

25. Oktober 1929: Der Schwarze Freitag an der New Yorker Börse in der Wall Street

75

vierte Handlungsforderungen erfüllt er nur zum Schein, denn tatsächlich decken sie sich mit der Logik der Börsenspekulation, sodass Johannas Einsatz seinen Betrug moralisch bemäntelt. Ihr Glaube an die menschliche Güte des Magnaten sowie ihre Ablehnung von Gewalt tragen dazu bei, dass ein Generalstreik der Chicagoer Arbeiter scheitert und eine aus ihm resultierende Verbesserung ihrer Lebensbedingungen ausbleibt. Sterbend wird sie, deren karitatives Engagement die Ausbeutung auf den Schlachthöfen wieder hergestellt hat, von den Unternehmern heilig gesprochen. Auf ihr Leben zurückblickend erkennt sie allerdings, dass moralisches Handeln sich nicht in mitmenschlicher Güte erschöpfen darf, sondern folgenreich in gesellschaftsveränderndem Sinne sein muss: *Sorgt doch, daß ihr die Welt verlassend / Nicht nur gut wart, sondern verlaßt / Eine gute Welt!*[234] Johannas in Stufen fortschreitender Erkenntnisprozess belehrt den Zuschauer nicht nur, ihr selbstloses moralisches Ringen lädt im Widerspruch zum antiaristotelischen Anspruch des Stücks auch zur emotionalen Identifikation ein.

Auf der anderen Seite versucht Brecht, das Agieren der Wirtschaftsführer wirtschaftswissenschaftlich zu untermauern, indem er den von Marx beschriebenen kapitalistischen Krisenzyklus, der sich aus der Prosperität über die Überproduktion in die Krise hinein- und aus dieser wieder herausbewegt, mehr assoziativ als analytisch in das Stück einführt. Auf ästhetischer Ebene legt er die nackten Wirtschaftsinteressen offen, indem er den Mythos des amerikanischen Urkapitalismus mit den antiken Mythen dadurch parallelisiert, dass er die in Blankversen geschriebenen Dialoge stellenweise zum klassischen Hexameter hin öffnet: *Unverrückbar über uns / Stehen die Gesetze der Wirtschaft, unbekannte / Wiederkehren in furchtbaren Zyklen / Katastrophen der Natur!*[235] Hilflos begegnet Johanna diesem schwer durchschaubaren System, wenn sie erlebt, wie Vieh vernichtet wird, um den Preisverfall aufzuhalten und das Gleichgewicht zwischen Produktion und Konsum wieder herzustellen. Brecht nimmt polemisch Bezug auf Schillers idealistische Jungfrau von Orleans, deren folgenloser Humanismus Attitüde bleibt: Er befreit die Hilfsbedürftigen nicht, er stößt sie, die Machtverhältnisse ignorierend und damit zementierend, tiefer noch in ihr strukturelles Elend.

Nachdem das Stück 1931 fertig vorlag, interessierte sich zwar eine Reihe von Theatern für eine Uraufführung, der zunehmende politische Druck allerdings zwang die Verantwortlichen zur Vorsicht, um nicht der Komplizenschaft mit Kommunisten verdächtigt zu werden. Lediglich Radio Berlin sendete eine einstündige Hörspielfassung. Nach dem Krieg schrieb Brecht an Gustaf Gründgens: *Sie fragten 1932 um die Erlaubnis, «Die heilige Johanna der Schlachthöfe» aufführen zu dürfen. Meine Antwort ist ja.*[236] Gründgens antwortete: «Über Brief zu Tode erschrocken – freue mich aber sehr, daß Sie sich noch daran erinnern und bitte mir Buch umgehend zukommen zu lassen.»[237] Am 30. April 1959 wurde das Stück unter seiner Regie am Hamburger Schauspielhaus uraufgeführt.

«Die heilige Johanna der Schlachthöfe». Uraufführung am Deutschen Schauspielhaus Hamburg, 1959, mit Brechts Tochter Hanne Hiob in der Rolle der Johanna Dark

Zusammen mit Teilen der politischen Linken deutet Brecht die sozialen und politischen Erschütterungen, die die Weltwirtschaftskrise von 1929 nach sich zog, als untrügliche Zeichen einer bevorstehenden Revolution. Da bietet die Dramatisierung von Maxim Gorkis Roman «Die Mutter» die Möglichkeit, die russische Revolution von 1905, auf die sich Gorki bezieht, mit Blick auf die deutschen Verhältnisse des Jahres 1931 zu interpretieren. Die äußere Handlung behält Brecht weitgehend bei: den Werdegang einer Analphabetin, *Witwe eines Arbeiters und Mutter eines Arbeiters*[238], der das Geld fehlt, um ihrem Sohn eine schmackhafte Suppe zu kochen. Den Sohn glaubt sie zu verlieren, als er sich den revolutionären Arbeitern anschließt; doch folgt sie ihm schließlich widerwillig, aber einsichtig in das Dickicht der Lohnkämpfe. Der Sohn fällt im Kampf, die Mutter steht derweil bereits *im dichtesten Getümmel der unaufhörlichen / Riesigen Klassenschlacht*[239]. Aus der in ihrer armseligen Wohnung Vereinzelten wird ein Mitglied des Kollektivs, *Mutter jetzt, vieler Gefallenen Mutter / Kämpfender Mutter, Ungeborener Mutter, räumt sie / Jetzt im Staatswesen auf*[240]. Gegenüber Gorki führt Brecht die Handlung bis 1917 weiter, so endet der Bildungsweg der Arbeiterfrau in der Oktoberrevolution. Walter Benjamin hat das Stück als «soziologisches Experiment über die Revolutionierung der Mutter»[241] bezeichnet. Es zeigt die Biographie einer Bewusstwerdung, in der Form eines Schaustücks, geschrieben allerdings, wie Brecht anmerkt, *im Stil der Lehrstücke*[242], unter Verwendung epischer Mittel: Die Ereignisse des 1. Mai 1905 werden berichtend nachgespielt, und zwar von den Personen, über die berichtet wird; die Handlung wird durch Lieder und Chöre unterbrochen, Brecht dachte daran, dass Chöre im Publikum den Zuschauer auffordern, *sich Meinungen zu bilden, seine Erfahrung zu Hilfe zu rufen, Kontrolle zu üben*[243].

Hanns Eislers Musik für eine Besetzung von vier Instrumenten soll den Zuschauer in jene *kritisch betrachtende Haltung*[244] versetzen, die eine allzu schnelle Identifikation mit der Pelagea Wlassowa verhindert. Die Berliner Uraufführung dieses sich offen zum Kommunismus bekennenden Dramas am 15. Januar 1932 wurde vom bürgerlichen Feuilleton als «allerrotestes Parteitheater im Zeichen von Hammer und Sichel»[245] abgewiesen, Alfred Kerr schmähte es gar als «das Stück eines primitiven Autors»[246]. Für die Brecht-Ehefrau, die die Titelrolle spielte, begann der, wie Brecht ihn später spöttisch nannte, *Abstieg der Weigel in den Ruhm*[247].

Der Weg ins Exil: Von Prag nach Skovsbostrand

Zu Beginn der dreißiger Jahre bekommt der Autor marxistisch inspirierter Lehrstücke und Schaustücke allmählich zu spüren, welchen Preis er für sein politisches Bekenntnis zu zahlen hat. Er wird zur Zielscheibe des rechten Feuilletons; gegen *Die Mutter* werden polizeiliche Maßnahmen gefordert und auch durchgesetzt. Waren die Nazis bis 1930 für Brecht kein ernst zu nehmendes Thema, so muss er jetzt erleben, dass selbst ehemalige Freunde wie Arnolt Bronnen in deren Lager überlaufen. Mit in das Tagesgeschehen eingreifenden Texten und Initiativen reagiert er auf das bedrohliche Anwachsen der Hitler-Partei. Sein *Lied vom SA-Mann* richtet er an die Verführten, sie zur Umkehr ermutigend: *Ich hatte nichts zu verlieren / Und lief mit, wohin war mir gleich.*[248] 1931 plant er, unter der Beteiligung namhafter Intellektueller, eine *Zeitschrift zur Klärung der faschistischen Argumente und der Gegenargumente.* Am 27. Februar 1933, dem Tag des Reichstagsbrands, liegt Brecht nach

Am Morgen nach dem Brand: der Reichstag am 28. Februar 1933

79

überstandener Blinddarmoperation in der Klinik. Ohne in seine Wohnung zurückzukehren, verlässt er am nächsten Tag Deutschland. Allein die Tatsache, dass Helene Weigel Jüdin ist, macht ein Bleiben in Deutschland unmöglich. Noch am Tag seiner Flucht durchsucht die Polizei seine Wohnung, seine Konten werden gesperrt. Zwei Jahre später, im Juni 1935 wird man ihm die Staatsbürgerschaft aberkennen.

Zunächst reist Brecht nach Prag, die von Berlin aus am schnellsten zu erreichende Stadt außerhalb des Hitler'schen Machtbereichs. Wie viele andere Flüchtlinge zieht es ihn, der über keine Fremdsprachenkenntnisse verfügt, in die Nachbarländer Deutschlands, teilt er doch die verbreitete Prognose, das Nazi-Regime würde sich nur wenige Monate, höchstens jedoch ein oder zwei Jahre an der Macht halten. Er denkt auch nicht daran, seine Berliner Wohnung aufzugeben. Noch im März reist er über Wien, wo Helene Weigels begüterte Eltern dem Ehepaar Brecht Unterkunft bieten können, weiter nach Zürich. Diese Stadt versprach heimatliche Atmosphäre, gedachten doch die Freunde Lion Feuchtwanger und Alfred Döblin, sich hier niederzulassen. Im Mai trifft Brecht in Paris ein, das sich zu einem Zentrum der deutschen Exilierten, einem «Vorort von Berlin»[249] entwickelt: «Täglich kommen hundert an. Hier trifft sich alles. Bis heute sind gegen 4000 angekommen»[250], schrieb der Verleger Willi Münzenberg. In Paris wartet Arbeit auf Brecht. Kurt Weill hatte ihn aufgefordert, für ein Ballett, das die Gruppe «Les Ballets 1933» bei dem Komponisten in Auftrag gegeben hatte, ein Libretto zu schreiben. Bereits am 7. Juni wurde es unter dem Titel *Die sieben Todsünden* in einem Bühnenbild von Caspar Neher am Théâtre des Champs Elysées uraufgeführt. Die von Brecht als Fingerübung heruntergespielte Arbeit ist eine Parabel, die die christlichen Todsünden Faulheit, Stolz, Hochmut, Zorn, Völlerei, Wollust und Geiz in Tugenden umwertet. Das Stück wurde vom Ballettpublikum als allzu sozialkritisch empfunden, der Erfolg blieb aus, es war die letzte Zusammenarbeit zwischen Brecht und Weill.

Von Paris fuhr Brecht Ende Juni ins dänische Thurö, wohin die dänische Schriftstellerin Karin Michaëlis die Dichterfamilie, die mit den Kindern Steff und Barbara nun wieder vollzählig war, eingeladen hatte. Inzwischen hatte Brecht sich für einen einstweiligen Aufenthalt in Dänemark entschieden, im August kaufte er sich in Skovsbostrand bei Svendborg auf der Insel Fünen ein Haus, das er im Dezember bezog. Die Dänen erwiesen sich den deutschen Flüchtlingen gegenüber als großzügig und unbürokratisch. Brecht schätzt ihre Gemütlichkeit und ihren Humor. Der dänischen Sprache aber verweigert er sich, wohl auch, weil er den Aufenthalt nur als Interimszustand akzeptieren wollte: *Wozu in einer fremden Grammatik blättern? / Die Nachricht, die dich heimruft / Ist in bekannter Sprache geschrieben.*[251] In die Hoffnungen auf Rückkehr allerdings mischt sich die Bedrohung aus dem nahe gelegenen Deutschland, in seinem Gedicht *Zufluchtstätte* heißt es: *Das Haus hat vier Türen, daraus zu fliehn.*[252] Mehr als fünf Jahre wird Skovsbostrand nun sein Zuhause sein. Seine Bücherkisten und Möbel hat er sich aus Berlin kommen lassen. Sein Arbeitstag ist strikt reglementiert, vom frühen morgendlichen Aufstehen zwischen sechs

Caspar Neher bei der Arbeit, 1932

und sieben Uhr, über die Schreibphasen vormittags und nachmittags, die zwanzigminütigen Schlafpausen bis zum abendlichen geselligen Beisammensein. Seine Manuskripte tippt er selbst in die Maschine; nach Durchsicht montiert er sie mit Schere und Klebstoff neu zusammen, als vergnüglich und kreativ empfindet er diesen Collageakt. In dem Strohdachhaus war das größte Zimmer für den Dichter reserviert, die beiden Kinder mussten sich ein Zimmer teilen, und Helene Weigel schlief in der Küche. Nicht verzichten wollte Brecht auf ein Auto, er war ein begeisterter und rasanter Autofahrer, für 300 Kronen erstand er einen von Gästen gern bespöttelten alten Ford.

Zu ehelichen Spannungen und sogar Trennungsüberlegungen führte die offene Lebensgemeinschaft, zu der neben Helene Weigel zwei weitere Frauen gehörten, zu denen der Dichter Liebesbeziehungen unterhielt. Für die Mitarbeiterin und Geliebte Margarete Steffin hatte Brecht eine nahe gelegene Unterkunft besorgt. Ehefrau Weigel hielt die tuberkulosekranke Steffin nicht nur aus Eifersucht, sondern auch aus Sorge um die Gesundheit ihrer Kinder auf Abstand. Die Dritte im Bunde, die in Kopenhagen lebende Schauspielerin Ruth Berlau, hatte den Dichter bereits im August 1933 aufgesucht. Daraus entwickelte sich bald eine Liebesbeziehung, die nicht nur die Weigel irritierte, sondern auch die verliebte Steffin tief verletzte. Während er seiner Ehefrau in dieser Zeit nur geringe Aufmerksamkeit schenkte, gelang es ihm, die Beziehung zu den beiden Geliebten in der Balance zu halten. Allein durch die gemeinsame Arbeit verbrachte er viel Zeit mit Steffin, mit Berlau fuhr er gelegentlich nach Vallenbæck, wo sie ein Wochenendhaus besaß.

Als sich die selbstbewusste Dänin 1937 entschloss, nach Spanien zu reisen, um sich auf der Seite der Internationalen Brigaden am Bürgerkrieg zu beteiligen, ist Brecht, der sich selbst der Feigheit bezichtigt, gleichermaßen besorgt und entsetzt. Er schreibt ihr nach Madrid: *Der, den ich liebe / Hat mir gesagt / Daß er mich braucht. / Darum / Gebe ich auf mich acht / Sehe auf meinen Weg und / Fürchte von jedem Regentropfen / Daß er mich erschlagen könnte.*[253]

Um den Mangel an Gesprächskontakten im abgeschiedenen Skovsbostrand zu beheben, appelliert Brecht eindringlich an seine

Freunde, ihn doch zu besuchen. Zu seinen dänischen Freunden gehört der Schriftsteller Martin Andersen Nexö. Zu kurzen Besuchen kommen Hanns Eisler und der Künstler George Grosz in die dänische Abgeschiedenheit; zu längeren Aufenthalten treffen Walter Benjamin und Karl Korsch ein. Bei Korsch holt Brecht sich soziologischen Rat, der wiederum den politischen Ansichten Brechts, den er polemisch einen «Hofdichter der russischen Revolution»[254] nennt, mit Distanz begegnet.

Tatsächlich ist Brecht, als er im Frühjahr 1935 für zwei Monate nach Moskau reist, von der Realität des Kommunismus stark beeindruckt: Hier gebe es Veränderungen, die Jahrtausende beträfen, sagt er in einem Interview und nennt es einen Triumph, dass man jene Schwierigkeiten in der Sowjetunion nicht kenne, unter denen die ganze übrige Welt leide. Am 1. Mai erlebt Brecht die Eröffnung der Metro und rühmt dichtend und diesmal ohne Scheu vor Pathos die proletarischen Erbauer: *Als wir sie fahren sahen in ihren Wagen / Den Werken ihrer Hände, wußten wir: / Dies ist das große Bild, das die Klassiker einstmals / Erschüttert voraussahen.*[255] Emigranten veranstalten im Beisein der späteren DDR-Größen Wilhelm Pieck, Johannes R. Becher, Erich Weinert und Friedrich Wolf einen Brecht-Abend; Pläne eines deutschsprachigen Theaters unter der Leitung Erwin Piscators werden, wenn auch mit großer Skepsis, erörtert. Sollte Brecht bei seinem Moskau-Besuch auch geprüft haben, ob die Sowjetunion ein für ihn geeignetes Exilland wäre, so dürften seine Beobachtungen ihn ausreichend abgeschreckt haben. Für sein episches Theater gab es hier weder Verständnis noch Interesse, auch wenn kurz zuvor drei seiner Stücke in der Übersetzung von Sergej Tretjakow unter dem Titel «Epische Dramen» auf Russisch erschienen waren. In der Sowjetunion bevorzugte man naturalistisches Tendenztheater; die Zeit der Experimente war vorbei, der politische Druck auch auf Theaterleute wurde größer. Inzwischen war der Theaterautor Tretjakow in politische Ungnade gefallen, und auch der von Brecht außerordentlich geschätzte Regisseur Wsewolod Meyerhold sah sich zunehmend Angriffen ausgesetzt. Die Erfahrung der politischen Repression lässt Brecht allerdings nicht an der Richtigkeit des Stalin'schen Kurses zweifeln, er sieht sie, theoretisierend, als unerlässliche Begleitmusik der Revolution.

Die zweite Reise des Jahres 1935 führt Brecht im Juni nach Paris, wo er am «Internationalen Schriftstellerkongreß für die Verteidigung der Kultur» teilnimmt. Seine dort erhobene Forderung *Kameraden, sprechen wir von den Eigentumsverhältnissen!*[256] soll den Blick auf die sozialen Grundlagen des Nationalsozialismus lenken, wird aber von der Mehrheit der Teilnehmer als zu radikal empfunden. Brecht, ganz in der Rolle des Lehrers, verzeiht seinen bürgerlichen Kollegen den ideologischen Fehler nicht, *daß sie die Grausamkeiten des Faschismus als unnötige Grausamkeiten*[257] und nicht als organischen Teil des faschistischen Macht- und Interessensystems betrachten. Sosehr Brecht politische Initiativen der Schreibenden unterstützt, so wenig fühlt er sich in appellativen, moralisierenden Diskussionen wohl. Spöttelnd schreibt er an George Grosz, auf die Kongressparole «Rettung der Kultur» Bezug nehmend: *Wir haben soeben die Kultur gerettet. Es hat 4 (vier) Tage in Anspruch genommen, und wir haben beschlossen, lieber alles zu opfern als die Kultur untergehen zu lassen. Nötigen Falles wollen wir 10–20 Millionen Menschen dafür opfern. Gott sei Dank haben sich genügend gefunden, die bereit waren, die Verantwortung dafür zu übernehmen.*[258] Auf der Suche nach Verdienstmöglichkeiten sah sich Brecht zum Reisen genötigt: Zweimal, 1934 und 1936, fuhr er von seiner dänischen Idylle aus nach London, in der Hoffnung, im Film Fuß zu fassen und Verlagsprojekte voranzutreiben. Bei der Gelegenheit traf er Deutsch sprechende Freunde wie Fritz Kortner, der sich an Brechts Mühen mit dem Englischen erinnerte: Brecht habe «in einer kindlichen, fast graziös zu nennenden Weise ein paar chinesisch klingende Worte Englisch»[259] gesprochen. Konnte sich der Stückeschreiber mit Paris noch anfreunden, so ist ihm die britische Metropole verhasst: *London ist ein böses und zähes Städtchen. Die Eingeborenen hier gehören zu den heimtückischsten Europas.*[260] Der merkwürdige Stolz selbst der Arbeitslosen auf das Königshaus empört ihn, von den Theatern der Stadt, die im Übrigen keinerlei Interesse an seinen Stücken zeigen, ist er entsetzt. Umso interessierter zeigt er sich an dem Plan der New Yorker «Theatre Union», des wichtigsten Arbeitertheaters Amerikas, sein Stück *Die Mutter* aufzuführen. Als man ihm eine englischsprachige Adaption des Stückes nach Dänemark schickt, muss er allerdings feststellen, dass dessen epischer Charakter in einen naturalistischen gewendet worden war. Er schreibt den New Yorker Theaterleuten, die von ihnen geschätzte naturalistische Art passe *für Petroleumfunzeln, aber nicht für elektrisches Licht* [261]. Und fügt ironisch und in der Sache kompromisslos hinzu: *Mir kommt es vor, als wären in der Adaption vor ein Auto wieder Pferde gespannt worden, weil der Anlaßschlüssel nicht gefunden werden konnte.* [262] Um die Aufführung zu retten, akzeptiert man Brechts Vorschlag, gegen Erstattung der Reisekosten nach New York zu kommen. Dort wird zunächst eine *ganz hübsche kleine Diktatur* [263] notwendig, um sein episches Theater zu verteidigen. Allerdings wollte die Theatertruppe der Brecht'schen Radikalität am Ende doch nicht folgen.

Die Premiere am 19. November 1935 war ein Misserfolg, die Presse verriss Stück und Aufführung unisono, und die «Theatre Union» war ruiniert. Dem Arbeitertheater wirft er vor, sein Stück wie jedes beliebige Broadway-Stück als Rohmaterial behandelt zu haben. Diese frühe Erfahrung mit Amerika zeigt, wie wenig Brecht bereit war, die Kluft wahrzunehmen, die zwischen seinen Berliner Experimenten und der Theaterpraxis jenseits des Atlantiks lag. Zugleich vermittelt sie eine Ahnung davon, mit welchen Problemen der später in Kalifornien wohnende Brecht im Land einer strikt marktorientierten Kulturindustrie konfrontiert sein wird.

Die Arbeitsbedingungen, die der Dramatiker im Exil vorfand, trennten Brecht vor allem von seinem wichtigsten Medium: dem Theater. Insofern ist es nicht verwunderlich, dass Brecht sich mit seinem ersten großen Werk nach seiner Flucht aus Deutschland in das Lager der Konkurrenz begibt: Er schreibt einen dickleibigen Roman. Dass Prosa in der neuen Situation leichter einen Markt finden könnte, glaubt er am Beispiel Lion Feuchtwangers bestätigt zu finden, der es mit seinem Roman «Die Geschwister Oppermann» zu einem gewissen Wohlstand brachte. So bekennt er, den *Dreigroschenroman* gezielt als ein Projekt konzipiert zu haben, das ihm Geld einbringen sollte. Der Roman liefert Brecht aber auch die Möglichkeit, jene, wie er glaubt, notwendige Radikalisierung des Stoffes vorzunehmen, die er bei der Verfilmung der *Dreigro-schenoper* nicht hatte durchsetzen können. Tatsächlich wagt sich das Werk an eine politökonomische Analyse der kapitalistischen Ordnung und geht dabei weit über die sozialkritisch getönte Erfolgsoper hinaus.

Erzählerisch knüpft Brecht an die schon früher gerühmte unliterarische Tradition des Kriminalromans an. Detektivisch sammelt er Fakten und Beobachtungen, die Rückschlüsse auf die kriminellen Gesetzmäßigkeiten des wirtschaftlichen Systems zulassen.

Der *Dreigroschenroman* ist der einzige Roman des Stückeschreibers, allerdings hat Brecht wiederholt Versuche in diesem Genre unternommen. Noch im dänischen Exil beginnt er den satirischen Roman *Die Geschäfte des Herrn Julius Caesar,* der zwar Fragment blieb, allerdings mit 1440 hinterlassenen Manuskriptseiten einen guten Eindruck des Projekts vermittelt. Sein Plan war es, den historischen Helden der Schulbücher, den er als *Vorbild aller Diktatoren*[264] ansah, zu demontieren und, dem materialistischen Geschichtsbild folgend, die Verstrickungen zwischen Staatskunst und Finanzgeschäften offen zu legen.

Das Scheitern des Romans, der zeitweise *langsamer [wuchs] als Hitlers Aufrüstung*[265], darf in der Schwierigkeit vermutet werden, den antiken Stoff einer antifaschistischen Schreibstrategie dienlich zu machen, aber auch im Tod der Mitarbeiterin Margarete Steffin, die das Projekt von Beginn an begleitet und «wahrscheinlich auch mitgeschrieben hat»[266].

Wie zuvor schon in Paris musste Brecht in Dänemark erleben, wie wenig sein Ruhm außerhalb des deutschsprachigen Raums zählte. Er durfte sich freuen, dass man ihm, dem neuen Gast, in Zeitungsaufsätzen Aufmerksamkeit schenkte, dass linke Theaterleute sich für seine Lehrstücke interessierten. Immerhin spielte 1936 das Kopenhagener Amateurensemble «Revolutionäres Theater» unter Ruth Berlaus und Helene Weigels Leitung vor kleinem Publikum Brechts *Mutter,* und im November desselben Jahres kommt es im Königlichen Theater zu einer Ballett-Aufführung der *Sieben Todsünden,* die jedoch schon nach zwei Vorstellungen, möglicherweise auf deutsche Intervention hin, abgesetzt wird.

Neue Hoffnungen setzt Brecht auf die dänische Uraufführung eines Parabelstücks, das er bereits 1932 fertig gestellt und später immer wieder aktualisiert hat: *Die Rundköpfe und die Spitzköpfe*. Vorausgegangen war der Auftrag der Berliner Volksbühne, Shakespeares «Maß für Maß» neu einzurichten. Brecht lenkt darin den Blick von der bei Shakespeare entwickelten sittlichen Thematik der Gleichheit hin zur soziologischen Thematik der gesellschaftlichen Klassen. Belehrend wendet sich das Vorspiel an das Publikum und stellt dabei mit Blick auf Nazi-Deutschland den Unterschied zwischen Arm und Reich als Schlüssel zum Verständnis der Diktatur heraus: *Ich werde euch ein Gleichnis schreiben / In dem beweis ich jedermann / Es kommt nur auf diesen Unterschied an.*[267] Der gewissenlose Demagoge Angelo Iberin ist eine im Dienst der Besitzenden fungierende Marionette, die mit sozialen Phrasen eine neue Ordnung verspricht und mit rassistisch motivierten Handlungen Anhänger gewinnt. Nachdem der Aufstand der revolutionären Pächterorganisation *Sichel* zerschlagen ist, entzaubert Iberin die ideologische Maskerade: *Nicht gegen Eigentum erging mein Urteil / Nur gegen seinen Mißbrauch.*[268] Sosehr Brecht sich sprachkritisch der Macht der Ideologie in ihrer täuschenden, die Realität umdeutenden Rolle annimmt, so wenig ist die von ihm benutzte Marionettenmetapher geeignet, das komplexe Zusammenspiel von «Verführern» und «Verführten» innerhalb faschistischer Herrschaftssysteme zu erhellen. Seine Parabel folgt der offiziellen Faschismusanalyse der Kommunistischen Internationale, deren ökonomistisches Verständnis politischer Phänomene den Blick für Traditionen und Mentalitäten wie jene des Antisemitismus verstellt. Die Uraufführung der *Rundköpfe* am 4. November 1936 am Revolutionären Theater in Kopenhagen fiel bei der Kritik durch. Brecht selbst vermutete, mit dem Stück das Publikum überfordert zu haben, und beruft sich auf Freunde, die ihm gesagt hätten, *ich müßte entweder einen reaktionären Inhalt oder eine reaktionäre Form wählen, beides zugleich sei zuviel des Guten*[269].

Zwei Jahre zuvor hatte Brecht sich mit *Die Horatier und die Kuratier* ein letztes Mal dem Lehrstück zugewandt. Gestützt auf den römischen Geschichtsschreiber Titus Livius, unterzieht er das Verhalten zweier Heere einer wissenschaftlich präzisen Betrachtung. Wechselnde Siege und Niederlagen werden zu Elementen von Denkoperationen, die dem Stück pädagogisches Potenzial verleihen sollen und damit die von Brecht verwendete Gattungsbezeichnung *Schulstück*[270] rechtfertigen.

In den Jahren 1937 und 1938 wird Paris zum bevorzugten Reiseziel des Stückeschreibers, denn die Stadt bietet Brecht mehr Aufführungsmöglichkeiten als andere europäische Metropolen. Am 28. September 1937 ließ der deutsche Emigrant Ernst Josef Aufricht im Théâtre de l'Étoile Brechts *Dreigroschenoper* aufführen. Am 16. Oktober desselben Jahres fand in der Salle Adyar unter der Regie von Slatan Dudow und dem Protektorat des «Schutzverbandes Deutscher Schriftsteller» die Uraufführung von *Die Gewehre der Frau Carrar* statt, ein Stück, das neben der *Dreigroschenoper* zu Brechts größtem Theatererfolg werden sollte. Wie nie zuvor nimmt der Autor auf ein aktuelles politisches Ereignis Bezug: auf den durch den Putsch General Francos gegen die demokratisch legitimierte republikanische Regierung ausgelösten spanischen Bürgerkrieg im Juli 1936. Die Genese des Stücks, das sich auf den Einakter «Riders to the Sea» von John Millington Synge stützt, ist eng verzahnt mit den täglichen Ereignissen in Spanien. So spielt die erste Fassung noch im baskischen Norden des Landes und ist mit Blick auf den Sieg der Republikaner im Kampf um Madrid optimistisch gestimmt. Mit den immer stärkeren Verlusten der Republikaner verlegt Brecht den Spielort in den von Franco-Truppen besetzten Süden und datiert das Geschehen nun auf den April 1937. Im Sinn eines schnellen operativen Eingreifens geht Brecht in diesem Stück weit hinter seine dramaturgische Programmatik zurück, bedient gar lehrbuchartig die verhasste – wie er selbst eingesteht – *aristotelische (Einfühlungs-)Dramatik*[271], deren Schwächen allerdings ausgeglichen werden könnten, *wenn man das Stück zusammen mit einem Dokumentarfilm, der die Vorgänge in Spanien zeigt, oder irgendeiner propagandistischen Veranstaltung aufführt*[272]. Identifikationsfigur ist die Fischersfrau Carrar, die glaubt, sich und ihre Familie aus dem Bürgerkrieg heraushalten zu können: *Wenn ich mich still verhalte und meine Heftigkeit bekämpfe, dann lassen sie uns vielleicht verschont. Das ist eine einfache Rechnung.*[273] Ihr Lernprozess mündet allerdings in die Erkenntnis, und Brecht thematisiert hier auch die Nichteinmischung der westlichen Demokratien in

«Die Gewehre der Frau Carrar» in einer Aufführung
des Berliner Ensembles mit Helene Weigel, 1952,
unter der Regie von Bertolt Brecht und Egon Monk

einen Bürgerkrieg, in dem Deutschland und Italien massiv zugunsten Francos eingreifen, dass Neutralität einer Parteinahme
für die faschistischen Kräfte gleichkomme. Als Frau Carrars Sohn
in der Idylle des Fischens von den Franco-Leuten erschossen wird,
entschließt sie sich, die lange zurückgehaltenen Waffen herauszu-
geben: *Das sind keine Menschen. Das ist Aussatz, und das muß aus-
gebrannt werden wie Aussatz.*[274] In einer späteren Version kommentiert Carrars Bruder das lange Zögern seiner Schwester und
fasst dabei die propagandistische Idee des Stücks, das die Notwendigkeit des politischen und militärischen Eingreifens plausibel
machen soll, zusammen: *Sie stellte ebenfalls die Frage: wozu kämp-*

fen? Sie fragte das nicht bis zuletzt, aber sehr lange, fast bis zuletzt. Und wie sie stellten die Frage WOZU KÄMPFEN? viele ihres gleichen sehr lange, fast bis zuletzt. Und daß sie diese Frage so lange stellten, das war einer der Gründe dafür, daß wir geschlagen wurden.[275] Die Pariser Premiere mit Helene Weigel in der Hauptrolle wurde zum Publikumserfolg. Noch im selben Jahr folgte eine dänische Erstaufführung und im Mai 1939 die Erstaufführung in Schweden. Brecht beobachtete die Ereignisse in Spanien aus geographischer Distanz. Als der Zweite Internationale Schriftstellerkongress zur Verteidigung der Kultur 1937 in Madrid abgehalten wurde, fehlte Brecht der Mut, sich in das Kampfgebiet zu begeben. Seine Radikalität war die eines persönlich höchst ängstlichen Intellektuellen, der kämpferisch war in Worten. So ließ er, selbst in Sicherheit, seinen Aufruf zur gewaltsamen Gegenwehr in Madrid verlesen: *Die Kultur, lange, allzu lange nur mit geistigen Waffen verteidigt, angegriffen mit materiellen Waffen; selber nicht nur eine geistige, sondern auch und besonders sogar eine materielle Sache, muß mit materiellen Waffen verteidigt werden.*[276]

Der *Carrar*-Erfolg inspirierte Brecht zu einem weiteren Stück für ein Emigrantenensemble. Im November 1937 schrieb er an Helene Weigel: *Ich habe große Lust, wieder so etwas zu machen, jetzt nach Paris; am meisten von allem dazu. So kann man besser als irgend sonst die epische Spielweise weiterbilden.*[277] Das Spiel der Ehefrau wurde seit der *Mutter* beim Schreiben der Rolle mitbedacht, es sei *das Beste und Reinste, was bisher an epischem Theater irgendwo gesehen werden konnte*[278]. Forderte die politische Situation auch enorme Konzessionen in der Konzeption, so versuchte Brecht, die epische Idee über die Aufführung zu retten. Die Szenenfolge *Furcht und Elend des Dritten Reiches*, so das neue Projekt, wurde am 21. Mai 1938 unter dem Titel *99 Prozent* mit der Musik von Paul Dessau in Paris uraufgeführt. Ausgehend von Zeitungsmeldungen und Augenzeugenberichten wollte Brecht in Form von Zehnminutenstücken einem Publikum außerhalb Deutschlands Eindrücke vom Leben in Nazi-Deutschland sowie von der seelischen Verfassung der Armee des totalitären Staates und von der Brüchigkeit dieser Kriegsmaschinerie geben. Die Montage von 27 Einzelszenen (von denen acht für die Uraufführung ausgewählt wurden), die mitunter das Format von Einaktern haben, sollte den Funktionsmechanismus eines Terrorregimes aufdecken. Ein Gestarium nennt Brecht seinen Versuch, das Spektrum der Gesten von der Hilflosigkeit bis zum Protest zu zeigen. Dazu gehört das Gespräch zweier Physiker über die von ihnen bewunderte Einstein'sche Formel, das, sobald sie sich beobachtet fühlen, in eine Maskerade abstürzt: *Ja, eine echt jüdische Spitzfindigkeit! Was hat das mit Physik zu tun?*[279] Dazu gehört aber auch der Metzger, der seinen Sohn in die SA gezwungen hat und der sich nun weigert, einen Schinken aus Pappmaché auszustellen: Er erhängt sich im Schaufenster seines Ladens mit einem Preisschild um den Hals: *Ich habe Hitler gewählt*[280]. Angst überlagert in diesen Szenen den deutschen Alltag. Im Gegensatz zur optimistischen Linie der Kommunistischen Partei sieht Brecht im deutschen Alltag vor allem Anpassung und Unterordnung, Distanz zum Nazi-Regime drückt sich allenfalls in Renitenzhandlungen aus: *[...] der Arbeiter wirft die Gasmaske in die Ecke; die Soldaten geben dem Jungen, der nicht Heil Hitler sagt, zwei Schlag Essen; der Patient (in «Die Berufskrankheit») erinnert den Chirurgen an die Forderungen der Wissenschaft.*[281] So erkundet Brecht in seiner Szenenfolge eine in der deutschen Bevölkerung schwelende Skepsis, ja Abneigung gegen das Regime, verweigert sich aber der Frage nach der psychologischen Verführungskraft, die die Massen bis tief in die Arbeiterschaft hinein an das Terrorregime binden konnte.

Lyrik des Exils

Lieder – Gedichte – Chöre heißt Brechts zweiter Gedichtzyklus, der 1934 in Paris erscheint und der Texte aus den zwanziger Jahren bis zum Ende des Jahres 1933 enthält. Thematisch ist der Band, der Hanns Eisler als Mitautor nennt, vor allem der Auseinandersetzung mit dem Nationalsozialismus gewidmet. In den *Hitler-Chorälen* parodiert Brecht, ein protestantisches Kirchenlied von Paul Gerhardt aufgreifend, den Massenwahn der nationalsozialistischen Anhänger, die sich mit ihrem Führer einer gottähnlichen Instanz unterwerfen. Schafe oder Kälber huldigen da ihrem Herrn: *Befiehl du deine Wege / Oh Kalb, so oft verletzt / Der allertreusten Pflege / Des, der das Messer wetzt! / Der denen, die sich schinden / Ein neues*

91

Kreuz ersann / Der wird auch Wege finden / Wie er dich schlachten kann.[282]

Im *Lied der preiswerten Lyriker* rechnet Brecht mit korrumpierten Dichterkollegen ab: *Ach, vor eure in Dreck und Blut versunkene Karren / Haben wir noch immer unsere großen Wörter / gespannt!*[283] Den Niedergang seines Landes beklagt er in seinem berühmten Gedicht *Deutschland*: *O Deutschland, bleiche Mutter! / Wie haben deine Söhne dich zugerichtet / Daß du unter den Völkern sitzest / Ein Gespött oder eine Furcht!*[284]

Brechts gesamte Exillyrik beharrt auf dem politischen Zeitbezug, *einseitig* nennt er diese Gedichte, die sich jeder Nähe zu einer apolitischen Gefühlspoesie verweigern: Wegen der zunehmenden Unordnung hätten *etliche von uns in diesen Jahren beschlossen / Nicht mehr zu reden von Hafenstädten, Schnee auf den Dächern, Frauen / Geruch reifer Äpfel im Keller, Empfindungen des Fleisches / All dem, was den Menschen rund macht und menschlich / Sondern zu reden nur mehr von der Unordnung / Also einseitig zu werden, dürr, verstrickt in die Geschäfte / Der Politik und das trockene «unwürdige» Vokabular / Der dialektischen Ökonomie [...].*[285] Seine Hinwendung zur engagierten Lyrik beschreibt er in *Schlechte Zeit für Lyrik* nicht nur als eine der extremen politischen Situation geschuldeten Pflicht, sondern als psychisches Schreibmotiv eines von seinem Publikum abgeschnittenen Exilautors: *In mir streiten sich / Die Begeisterung über den blühenden Apfelbaum / Und das Entsetzen über die Reden des Anstreichers. / Aber nur das zweite / Drängt mich zum Schreibtisch.*[286] In einem seiner meistzitierten Gedichte *An die Nachgeborenen* kommt die Hinwendung des Dichters zur kontemplativen

Auch der Haß gegen die Niedrigkeit
Verzerrt die Züge.
Auch der Zorn über das Unrecht
Macht die Stimme heiser. Ach, wir
Die wir den Boden bereiten wollten für Freundlichkeit
Konnten selber nicht freundlich sein.

Aus: An die Nachgeborenen

Schönheit bereits der Komplizenschaft mit dem Unrecht gleich: *Was sind das für Zeiten, wo / Ein Gespräch über Bäume fast ein Verbrechen ist / Weil es ein Schweigen über so viele Untaten einschließt!*[287]

Gegenüber seiner ersten Gedichtsammlung *Hauspostille* kommentiert er die Ästhetik der Exilgedichte gleichermaßen als Abstieg wie als Aufstieg. Seien die früheren Gedichte von Vieldeutigkeit, aber auch Ziellosigkeit geprägt, so könne man ihm nun vorwerfen, einseitiger, kühler und bewusster zu schreiben, doch habe der geschichtliche Gang ihm diesen Preis abverlangt. In seinem Lyrikzyklus *Svendborger Gedichte*, der die lyrische Produktion von 1934 bis 1937 zusammenfasst, hat er dieses neue Programm verwirklicht. Das Eingangskapitel *Deutsche Kriegsfibel* warnt in Form von Wandinschriften knapp und prägnant vor dem drohenden Eroberungskrieg: *AUF DER MAUER STAND MIT KREIDE: / Sie wollen den Krieg. / Der es geschrieben hat / Ist schon gefallen.*[288] Den Mythos der Arbeitsbeschaffung deutet Brecht in Vorzeichen der Vernichtung um: *WENN DER ANSTREICHER DURCH DIE LAUTSPRECHER ÜBER DEN FRIEDEN REDET / Schauen die Straßenarbeiter auf die Autostraßen / Und sehen / Knietiefen Beton, bestimmt für / Schwere Tanks.*[289] Im Kapitel *Chroniken* wird die Gegenwart in einen menschheitsgeschichtlichen Rahmen gestellt und die Fixierung auf große Männer, die Geschichte machen, durch eine Geschichte von unten aufgebrochen: *Caesar schlug die Gallier. / Hatte er nicht wenigstens einen Koch bei sich?*[290], heißt es in *Fragen eines lesenden Arbeiters*. Die *Deutschen Satiren*, geschrieben für den nach Deutschland hineinstrahlenden Freiheitssender, konfrontieren die alltägliche Nazi-Propaganda mit einer aufklärenden Gegenpropaganda. Thematische Anlässe sind Ereignisse wie der so genannte Röhm-Putsch, der Absturz der «Hindenburg», die täglich beschworenen Wirtschaftserfolge oder die inszenierte Volkstümlichkeit des Regimes, die Brecht in dem Gedicht *Der Dienstzug*, in dem er den unerhörten Komfort des Führer-Salonzugs beschreibt, der Lächerlichkeit preisgibt: *Der Dienstzug / Ist ein Meisterstück der Wagenbaukunst. Die Zuggäste / Haben eigene Appartements. Durch breite Fenster / Sehen sie die deutschen Bauern auf den Feldern schuften. / Sollten sie in Schweiß geraten bei diesem Anblick / Können sie in gekachelten Kabinetten / Expreßbäder nehmen.*[291]

Mit zunehmender Desillusionierung über die Dauer der Nazi-Herrschaft wird der Ton der Brecht'schen Lyrik nachdenklicher. Nach dem militärischen Überfall auf Dänemark und Norwegen im Jahr 1940 schreibt er: *Das Frühjahr kommt. Die linden Winde / Befreien die Schären vom Wintereis. / Die Völker des Nordens erwarten zitternd / Die Schlachtflotten des Anstreichers.*[292] Die Natur ist nicht mehr im alten Sinn poesiefähig, sie kann nur noch auf der Folie

des drohenden Terrors wahrgenommen werden: *Nebel verhüllt /
Die Straße / Die Pappeln / Die Gehöfte und / Die Artillerie.*[293] Brecht
nutzt die Lyrik des Exils geradezu pragmatisch als kommunikati-
ves Instrument; in Form von Ansprachen, Bitten, Appellen, In-
schriften und Lobreden deutet und diskutiert er die gemeinsame
Lebenserfahrung in *finsteren Zeiten*[294], geplagt von dem Schuldbe-
wusstsein dessen, der beobachtet und zwar Worte habe, aber keine
Taten.

Das Problem der Form

Auch wenn sich Brecht in der Abgeschlossenheit des Exils zu ästhetischen Kompromissen genötigt sah, das Problem der Schreib-
techniken, das ihn seit den zwanziger Jahren beschäftigt, verlor er
nicht aus den Augen. Brecht schrieb nicht «aus dem Bauch», er besaß ein hoch entwickeltes Bewusstsein für die von ihm verwende-
ten Formen. Doch ebendieses Realismusverständnis machte ihn
in den Augen der Kommunistischen Partei suspekt, die in der bald
einsetzenden Expressionismusdebatte tradierte bürgerliche Formen zum Maßstab einer sozialistischen Kunst machte. Austra-
gungsort der Diskussion war die in Moskau erscheinende Zeitschrift «Das Wort», die 1936 mit dem Ziel gegründet worden war,
der bürgerlich-kommunistischen Volksfront gegen den Faschismus ein literarisches Organ an die Seite zu stellen. Brecht selbst gehörte mit dem Kommunisten Willi Bredel und dem bekennenden
Bürger Lion Feuchtwanger zum Redaktionskollektiv. Die ideologische Erledigung des Expressionismus als geistiges Kind des Faschismus weitete sich schnell zu einer Auseinandersetzung über
korrekte und nichtkorrekte Techniken des Schreibens aus. Jene
Realismusdoktrin, die 1934 auf dem Ersten Allunionskongress
der Sowjetschriftsteller den Kommunistischen Parteien verordnet
wurde, sollte nun auch in der deutsch-marxistischen Exilgemeinde gelten. Das in Moskau formulierte Diktum gegen das Werk von
James Joyce, es sei «ein von Würmern wimmelnder Misthaufen,
mit einer Filmkamera durch ein Mikroskop aufgenommen»[295],
gab den Ton an, in dem man gegen alle experimentellen Formen

in der Literatur vorzugehen gedachte. Georg Lukács, philosophischer Ahnherr dieser Position, kanonisierte für den sozialistischen Realismus die bürgerliche Traditionslinie von Honoré de Balzac über Lew Tolstoj bis hin zu Thomas Mann und forderte von den marxistischen Autoren, es diesen Meistern gleichzutun und anhand typischer Individuen die gesellschaftliche Komplexität abzubilden. Wenn auch nicht genannt, war Brechts avantgardistische Theatertheorie bevorzugtes Angriffsziel dieser Attacken. So deplatziert es ihm erschien, *angesichts des heraufkommenden größten Krieges aller Zeiten Formideale zu diskutieren*[296], so sehr fühlte er sich von der *Moskauer Clique*[297] herausgefordert. In Aufzeichnungen und Aufsätzen entwickelte er seine Gegenposition, ohne sich jedoch öffentlich an der Debatte zu beteiligen. Bitter kommentiert der Experimentator die Rückwendung zum bürgerlichen Formideal: *Die Rede ist wieder vom Realismus, den sie jetzt glücklich so heruntergebracht haben wie die Nazis den Sozialismus.*[298] Während Lukács der Kunst, der bürgerlichen Tradition folgend, einen Autonomiestatus zuweist, versteht Brecht sein Schreiben als *eingreifendes Denken*[299], das sich an den technisch fortgeschrittensten Möglichkeiten wie Rundfunk und Film orientiert. Das komplexe Lukács'sche Theoriegebäude vergleicht er mit jenem *Witzblattwitz, in dem ein Aviatiker auf eine Taube deutet und sagt: Tauben z. B. fliegen falsch.*[300] Brecht hält die Fixierung auf eine Formdiskussion für fatal; für seinen offenen Realismusbegriff kann nicht die Form, sondern nur die gesellschaftliche Realität Ausgangspunkt des Schreibens sein: *Alles Formale, was uns hindert, der sozialen Kausalität auf den Grund zu kommen, muß weg; alles Formale, was uns verhilft, der sozialen Kausalität auf den Grund zu kommen, muß her.*[301] Als Fundgrube für diesem Ziel dienende literarische Techniken nennt er mit störrischer Gelas-

Georg Lukács in Berlin, 1948

95

senheit jene offiziell inkriminierten Werke von James Joyce, Alfred Döblin und John Dos Passos [302]; Kafka bezeichnet er gar als den *einzig wahrhaften bolschewistischen Schriftsteller* [303].

Dass die theoretischen Wortführer in Moskau Brecht umstandslos zur Dekadenz rechnen, erzürnt den Stückeschreiber und regt ihn an, das Konzept eines epischen Theaters auszugestalten, ohne dabei ein geschlossenes theoretisches Korpus anzustreben. Überhaupt ist Brechts Theatertheorie weit entfernt von einem homogenen Entwurf, sie präsentiert sich als ein assoziatives Geflecht von Notaten, Anmerkungen, Essays und Polemiken, die über einen großen Zeitraum hinweg entstanden. Vor allem in seinen Schriften *Über experimentelles Theater* und *Der Messingkauf* bemüht sich der Dramatiker, seinen Theaterentwurf als historisch notwendig zu legitimieren. Im Rückblick auf ein halbes Jahrhundert entdeckt er mit dem einerseits unterhaltenden und andererseits belehrenden Theater zwei gegenläufige Bemühungen: *[...] das Theater veranstaltete Experimente, die seine Amüsierkraft, und Experimente, die seinen Lehrwert erhöhen sollten.* [304] Diese Dichotomie zwischen Amüsement und Didaktik will Brecht mit seiner Theatervision aufheben, wobei er sich auf jene noble Tradition der Aufklärung beruft, die erst vom bürgerlichen Theater des 19. Jahrhunderts aufgekündigt und ihres lebenspraktischen Bezuges beraubt wurde. Reines Amüsement sei *den Diderots und Lessings ganz leer und unwürdig* erschienen, *belehrende Elemente* [305] hätten das Amüsement nicht gestört, sondern vertieft. Gegen ein ausschließlich dem Vergnügen verpflichtetes Theater zieht Brecht ein Bündel von Argumenten heran: So leide das Gefühlstheater unter einer *zunehmenden Abstumpfung des Publikums* und müsse sich *durch immer neue Effekte* [306] legitimieren. Es mache mit seiner *Suggestions- und Illusionstechnik* eine *kritische Haltung des Publikums gegenüber den abgebildeten Vorgängen unmöglich.* [307] Damit ist das Hauptanliegen der Brecht'schen Ästhetik angesprochen, die das Theater zu einer Angelegenheit jener Philosophen machen will, *die die Welt nicht nur zu erklären, sondern auch zu ändern wünschten* [308]. Wie die Naturwissenschaft ihre Erkenntnisse durch Experimente gewinne, so könne das Theater als Raum dienen, um menschliche Aktionen nachzuahmen und ihre soziale Kausalität aufzudecken. In *Der Messingkauf,* in dem Brecht in Dialogform die

Grundsätze seiner Theatertheorie entfaltet, wird die Einfühlungs-
dramatik mit einem Karussell verglichen, das uns durch eine mit
hölzernen Rossen, Flugzeugen und Prospekten ausgestattete Illu-
sionslandschaft wirbele, während das neue Theater einem Plane-
tarium gleiche, in dem der Zuschauer vom festen Standpunkt aus
den Lauf der Gestirne kritisch studiert. Während die Karussell-
Dramatik die Zuschauer kurzzeitig in *Könige, Liebhaber, Klassen-
kämpfer* verwandele, lasse das Planetar-Theater *die Zuschauer das
sein, was sie sind: Zuschauer, die auf der Bühne ihre Feinde und ihre
Bundesgenossen*[309] studieren, was sie zu einem über den Theater-
abend hinausgehenden eingreifenden Denken befähige. Katalysator eines gelungenen Erkenntnisprozesses sei der gleichermaßen
die Stückproduktion wie alle Aufführungselemente bestimmen-
de Verfremdungseffekt, der der Darstellung das blind machende
Selbstverständliche auszutreiben habe. Wie radikal der Funk-
tionswandel von einem nur kulinarischen in ein analysierendes
und emanzipierendes Theater gemeint ist, erzählt die Metapher
vom Messinghändler: Der kommt zu einer Musikkapelle, um
Messing und nicht etwa eine Trompete zu kaufen. Brecht geht es
nicht um das Inventar, sondern um die Institution Theater, der er
einen neuen Zweck geben will.

Flucht durch Skandinavien

Die dänische Zuflucht, von Brecht anfangs wegen ihrer Nähe zu
Deutschland bevorzugt, erweist sich angesichts der drohenden
Kriegsgefahr als Risiko. Die Angst ist unüberhörbar in Brechts
Bemerkung, dass *jede Woche ohne Weltkrieg für die Menschheit ein blo-
ßer unbegreiflicher Glückstreffer*[310] sei. Im März 1939 notiert er: *[…]
das Reich vergrößert sich. Der Anstreicher sitzt im Hradschin*[311]. Am
23. April verlässt Brecht, unbemerkt von der dänischen Fremden-
polizei, zusammen mit Ruth Berlau Skovbostrand in Richtung
Schweden, binnen einer Woche folgen ihm Margarete Steffin, Helene Weigel und die Kinder. Sie finden eine Unterkunft in der Nähe
von Stockholm auf der Insel Lidingö, in einem von Tannenwald
umgebenen großzügigen Haus, das ihnen die Bildhauerin Ninan

Santesson zur Verfügung stellt. War das dänische Heim noch ein Treffpunkt von Freunden und Emigranten, so lebt Brecht hier plötzlich ohne den gewohnten geselligen Kreis und fast aller Außenkontakte beraubt. Nachrichten aus Deutschland bezieht er nur mehr aus dem Radio und den Zeitungen. In der schwedischen Abgeschiedenheit muss er mit schwer verdaulichen politischen Ereignissen fertig werden. Am 23. August 1939 wird in Moskau der so genannte Hitler-Stalin-Pakt unterzeichnet, der unter Emigranten, von denen viele ihre Hoffnungen auf die antifaschistische Großmacht Sowjetunion gesetzt hatten, Unverständnis und Entsetzen auslöst. Brecht reagiert eher gelassen, die Interessen des kommunistischen Regimes vieldeutig analysierend: *Ich glaube nicht, daß mehr gesagt werden muß, als daß die Union sich eben rettete, um den Preis, das Weltproletariat ohne Losungen, Hoffnungen und Beistand zu lassen.*[312] Dass die UdSSR ihr antifaschistisches Engagement auf beängstigende Weise drosselt und Hitler-Gegnern in den Rücken fällt, missbilligt Brecht allerdings ebenso wie ihre allen sozialistischen Normen zuwiderlaufende ideologische Anbiede-

1. September 1939: der Beginn des Zweiten Weltkriegs.
Deutsche Soldaten reißen polnische Grenzschranken nieder

rung: *[...] die Aneignung der faschistischen Heucheleien von «Blutsverwandtschaft», Befreiung der «Brüder» (slawischer Abstammung), der ganzen nationalistischen Terminologie. Das wird zu den deutschen Faschisten hingesprochen, aber zugleich zu den Sowjettruppen.*[313] Auch den nächsten politischen Schlag, den Einfall der Hitler-Truppen in Polen am 1. September 1939, kommentiert Brecht, der den Krieg lange vorausgesehen hatte, auffallend unaufgeregt: *Früh 8 Uhr 45. Deutschland warnt alle Neutralen, das polnische Staatsgebiet zu überfliegen. Hitler an die Wehrmacht. Dazwischen die melancholische Marschmusik, mit der die deutschen Militaristen ihre Schlächtereien einleiten. [...] Hitlers Rede im Radio auffallend unsicher («Ich bin entschlossen, entschlossen zu sein»).*[314]

Es gehört zu Brechts Naturell, dass weder politische Turbulenzen noch Wohnsitzwechsel ihn vom Arbeiten abhalten können. Fast scheint es, als befördere die äußere Unordnung seine Flucht ins Schreiben. So gehören die Jahre von 1938 bis 1941 zu den produktivsten seines Schaffens, es entstehen die großen epischen Dramen *Galilei, Mutter Courage, Der gute Mensch von Sezuan, Puntila* und *Arturo Ui*, die aber allesamt keine unmittelbare Aussicht auf eine Aufführung haben. Als Auftragsarbeit für den schwedischen Rundfunk schreibt er das pazifistische Radiostück *Das Verhör des Lukullus* sowie für eine Stockholmer Amateurtheatergruppe das Agitationsstück *Was kostet das Eisen?*, das im August 1939 in der dortigen Volkshochschule uraufgeführt wird.

Brecht ist gerade ein Jahr in Schweden, als er sich erneut in politischer Gefahr befindet. Am 9. April 1940 besetzen deutsche Truppen Dänemark und Norwegen: *Diese motorisierten Truppen gingen in Norwegen wie ein Messer durch Käse*[315], notiert er in seinem Tagebuch. Eine Woche später bricht er mit seiner Familie nach Finnland auf. Im Handgepäck befinden sich lediglich seine Manuskripte, Hab und Gut bleiben in Schweden zurück. Die Schriftstellerin Hella Wuolijoki besorgt den Geflohenen zunächst eine kleine Wohnung in Helsinkis Arbeiterviertel; im Juli lädt sie dann die Brechts auf ihr 120 km nördlich von Helsinki gelegenes Gut Marlebaek ein. So komfortabel das zwischenzeitliche Zuhause ist, so angespannt geht es nun innerhalb der Brecht'schen «Großfamilie» zu. Die von Helene Weigel und Margarete Steffin beargwöhnte Brecht-Geliebte Ruth Berlau wird aus der häuslichen Gemeinschaft ausgeschlossen; die Gastgeberin erteilt der stets forsch und besitzergreifend auftretenden Dänin gar striktes Hausverbot. Derweil schreitet die tödliche Krankheit der Muse Steffin voran. Körperlich zwar erschöpft, ist sie dem Dichter dennoch eine zähe und zuverlässige Mitarbeiterin. Zum Streit unter den Frauen kommt es, als Berlau erfahren muss, dass für sie keine Schiffspassage bestellt wurde. Schließlich treffen statt der erwarteten Amerika-Visa Pässe für Mexiko ein. Brecht schlägt diese Chance trotz dringenden Zuredens seiner Freunde aus, da in dem Kontingent keine Karte für Margarete Steffin enthalten ist. Die entwurzelten Brechts warten in einer Unterkunft in Helsinkis Hafenviertel ungeduldig auf ihre Ausreise. Ihre Situation wird angesichts einer zunehmenden Truppenkonzentration an der russisch-finnischen Grenze täglich ungemütlicher. Im März 1941 treffen endlich die ersehnten Pässe ein. Mit der Transsibirischen Eisenbahn verlässt Brecht samt Kindern und drei Frauen Finnland Richtung Wladiwostok. Bei einem Zwischenaufenthalt in Moskau stellt sich heraus, dass die todkranke Steffin die Reise nicht fortsetzen kann, sie wird in eine Lungenklinik eingewiesen. Da der Juni-Dampfer als letzte Chance zu einer Überfahrt nach Amerika gilt, entscheidet sich Brecht zur Weiterreise ohne seine zuverlässige Mitarbeiterin. Auf der zehntägigen Zugfahrt mit dem Transsibirienexpress erhält er die Nachricht vom Tod seiner Muse. *Im neunten Jahr der Flucht vor Hitler / Erschöpft von den Reisen / Der Kälte und dem Hunger des winterlichen Finnland / Und dem Warten auf den Paß in einen anderen Kontinent / Starb unsere Genossin Steffin / In der roten Stadt Moskau.*[316] Am 13. Juni besteigen die Brechts zusammen mit Ruth Berlau in Wladiwostok das Frachtschiff «Annie Johnson» Richtung Amerika.

Stalin

Als Brecht am 18. Mai in Moskau eintraf, betrat er ein von Terror gezeichnetes Land. Der Freund und einstige Mitarbeiter Ernst Ottwald war bereits 1936 verhaftet worden; der Berliner Expressionist Herwarth Walden und die Schauspielerin Carola Neher, eine Exgeliebte Brechts, waren im Gulag verschwunden, die Theatermacher Wsewolod Meyerhold und Sergej Tretjakow, den Brecht als seinen Lehrer verehrte, hingerichtet. Sosehr Brecht diese Ereignisse bestürzten, verwarf er doch nicht die Möglichkeit, die Verurteilten hätten sich etwas zuschulden kommen lassen. Wie manche bürgerlichen Intellektuellen, so zum Beispiel Heinrich Mann und Lion Feuchtwanger, wurde auch Brecht das Opfer sowjetischer Propaganda, wenn er in einem Brief beteuert, die Moskauer Prozesse hätten *mit aller Deutlichkeit das Bestehen aktiver Verschwörungen gegen das Regime erwiesen*[317]. Hinter solcher Meinung mag die Hoffnung gestanden haben, die Pervertierung des Kommunismus unter Stalin halte sich an Regeln und Grenzen. Es entsprach allerdings auch Brechts Gesellschaftstheorie, den demokratischen

Schauprozess in Moskau während der «Großen Säuberungen» unter Stalin in den dreißiger Jahren

Überbau eines Staates gegenüber seiner ökonomischen Organisationsform gering zu bewerten und aus dieser Hierarchisierung heraus eine diktatorische, wenn auch nicht terroristische Machtausübung zu akzeptieren. Auffällig ist, dass Brecht die Demokratie zu einer *formalen Angelegenheit*[318] herunterspielt, sie allenfalls als ein taktisches Element auf dem Weg zu besseren Verhältnissen schätzt: *[...] man strebt sie an, wenn man sich davon eine Einleitung der Umwälzung der materiellen Produktion erwarten kann; also die Demokratie wäre dann der «Hebel».*[319] Allerdings ließen sich die Exzesse des Stalin-Regimes auch für Brecht nicht mit den Erfordernissen einer proletarischen Diktatur in Einklang bringen. Gegenüber Walter Benjamin nannte er die politischen Mächtigen in der Sowjetunion *verbrecherische Cliquen*[320], die *eine Diktatur «über» das Proletariat*[321] errichtet hätten. 1943 notiert er sehr viel erbitterter: *Im Faschismus erblickt der Sozialismus sein verzerrtes Spiegelbild. Mit keiner seiner Tugenden, aber mit allen seinen Lastern.*[322] Als durch die Enthüllungen Nikita Chruschtschows auf dem XX. Parteitag der KPdSU im Jahre 1956 das Ausmaß der terroristischen Politik Stalins bekannt wurde, nannte Brecht den Diktator vieldeutig einen *verdienten Mörder des Volkes*[323], dessen Fehler darin bestand, das Potenzial eines Kollektivs zugunsten seiner Einzelherrschaft verschmäht zu haben: *Zur Züchtung winterfesten Weizens / Zieht man viele Forscher heran / Soll der Aufbau des Sozialismus / Von ein paar Leuten im Dunkel zusammengepfuscht werden?*[324]

Es ist auffällig, wie konsequent Brecht seine Vorbehalte gegenüber der Sowjetunion der Öffentlichkeit verbarg. Taktische Überlegungen mögen ihn geleitet haben, die unter Emigranten durch die Schauprozesse ausgelöste Gegnerschaft gegen die Sowjetunion nicht durch seine Kritik noch zu fördern. Hinzu kam die Angst, ein öffentliches Abrücken von Stalin könne den Nazis in die Hände spielen und die Front der Hitler-Gegner weiter aufreißen.

Mit dem Stalinismus hat sich Brecht dennoch kontinuierlich auseinander gesetzt, und zwar in verfremdet-gestalteter Form im *Buch der Wendungen*, einer Fragment gebliebenen und erst postum veröffentlichten Sammlung aphoristischer Texte. Gestützt auf den chinesischen Philosophen Mo Ti, den er «Me-ti» nennt, sowie auf das konfuzianische «Buch der Wandlungen», schafft Brecht sich ein experimentelles Reflexionsfeld, auf dem er sich – beginnend im Jahre 1935 – mit Zeitereignissen, Zeitgenossen, Traditionen und Denkmodellen auseinander setzt. Stalin gehört als «Ni-en» zu den Hauptfiguren des Textes. In wiederholten Denkanläufen versucht Brecht, sich der monströsen Stalin'schen Herrschaft philosophisch zu nähern: *Die Verehrung des Ni-en nahm oft solche Formen an, daß sie einer Entehrung der Verehrenden gleichkam. Me-ti kümmerte sich nicht besonders darum. Er sagte: Ni-en baut die große Produktion auf. Das ist ein höchst wagemutiges Werk, da solches noch niemals wo versucht wurde.*[325] Aus literarischer Distanz erlaubt Brecht sich auch vorsichtige Kritik. So tadelt Me-ti den Diktator, der durch die Entfernung von Feinden dem Volk genützt haben mag, jedoch selbstherrlich gehandelt und damit in der Form der Machtausübung gefehlt habe: *Durch den beweislosen Prozeß hat er dem Volk geschadet. Er hätte es lehren müssen, Beweise zu verlangen.*[326] Im Gegensatz zum Marxisten Brecht, der sich zum Projekt Kommunismus bedingungslos loyal verhält, bewahrt sich der Bürger Brecht gegenüber der kommunistischen Macht skeptische Distanz. So hat er ein Exil in Moskau nie in Erwägung gezogen, er hätte es höchstwahrscheinlich auch nicht überlebt. Nach dem Krieg wirkte er zwar beim sozialistischen Aufbau der DDR mit, hatte aber zuvor dafür gesorgt, dies mit der österreichischen Staatsbürgerschaft tun zu können.

In die Entstehungszeit des *Buchs der Wendungen* fällt ein weiteres Prosawerk, in dem Brecht Zeitgeschichte reflektiert: die *Flüchtlingsgespräche*. Dialogisch agieren darin der Intellektuelle Ziffel und der Arbeiter Kalle, zwei aus Deutschland Vertriebene, die sich zufällig im Bahnhofsrestaurant von Helsinki begegnen. Die Essenz ihrer Konversation ist der politische Bildungsweg des linken Bürgers Ziffel, der von seinem Gegenüber, einem kommunistischen Proletarier, auf die historische Perspektive des Sozialismus eingeschworen wird. Auf dem Weg dorthin werden Exilerfahrungen, die eng mit Brechts eigener Exil-Odyssee verbunden sind, berichtet und besprochen. Einen *kleinen satirischen Roman mit einem zeitgenössischen Sujet*[327] hat Brecht die *Flüchtlingsgespräche* genannt, die auch ein Text der Selbstreferenzialität sind: Einmontiert in die

Dialoge finden sich Bonmots und Anekdoten aus der Jugend Brechts, aus früheren Texten bekannte Sprachbilder und Formeln sowie die Demontage bürgerlicher Topoi wie die der großen Männer und der großen Zeiten. So sind die *Flüchtlingsgespräche* auch ein konzentriertes Brevier Brecht'scher Grundauffassungen. Die Gesprächssitzungen der beiden Protagonisten bewegen sich auf den Traum zu, der von Ziffel als Negation bestehender Erfahrungen formuliert wird: *Wir brauchen eine Welt, in der man mit einem Minimum an Intelligenz, Mut, Vaterlandsliebe, Ehrgefühl, Gerechtigkeitssinn usw. auskommt.*[328] Es ist die Rolle des Kommunisten Kalle, den bürgerlichen Intellektuellen über den Namen dieser Utopie, die Sozialismus heißt, aufzuklären. Brechts Absicht, *philosophische Gespräche auf einer «niederen» Ebene zu placieren*, sei ihm, wie er später eingesteht, nur mit einem *Mangel an Eleganz*[329] gelungen. Formal war das Projekt, das sich auf Denis Diderots «Jakob der Fatalist» ebenso stützt wie auf Voltaires «Candide», von Beginn an ehrgeizig.

Die großen Dramen des Exils

Noch im dänischen Skovsbostrand schreibt Brecht eines seiner meistgespielten und meistgerühmten Dramen, über das er am 23. November 1938 notiert: *DAS LEBEN DES GALILEI abgeschlossen, brauchte dazu drei Wochen.*[330] Die Figur des Mathematikers, Astronomen und Physikers beschäftigte ihn bereits Jahre zuvor, am Stück selbst laborierte er achtzehn Jahre lang, die einzelnen Fassungen dem sich wandelnden politischen Geschehen anpassend. Zu den Voraussetzungen der ersten Fassung gehören eine Reihe deprimierender politischer Nachrichten im Jahre 1938: das Arrangement der Westmächte Frankreich und England mit Nazi-Deutschland im Münchener Abkommen, der Zerfall der spanischen Volksfront und der voraussehbare Sieg Francos. Brechts Galilei ist auf diese Situation hin gedacht: *Inmitten der schnell wachsenden Finsternis über einer fiebernden Welt, umgeben von blutigen Taten und nicht weniger blutigen Gedanken, der zunehmenden Barbarei, die unhemmbar in den vielleicht größten und furchtbarsten Krieg aller Zeiten zu führen scheint, ist es schwer, eine Haltung einzunehmen, die sich für Leute an der Schwelle einer neuen und glücklichen Zeit schicken mag.*[331] Anhand der historischen und zugleich legendären Figur des Galilei will Brecht zeigen, dass sich Aufklärung und Fortschritt auf Dauer nicht unterdrücken lassen. Ursprünglich hatte Brecht seine Titelfigur als einen Widerstandskämpfer konzipiert, der seine physikalischen Einsichten allein aus taktischen Gründen widerruft, um seine Arbeit illegal fortführen zu können. Doch in der fertig gestellten ersten Fassung ist Galilei bereits ein widersprüchlicher Held, der sich freiwillig in das Herrschaftsgebiet der Kirche, nach Florenz, begibt, weil ihm die freiheitliche Republik Padua nicht den materiellen Rahmen für seine Forschung zugesteht – ein Hinweis auf die opportunistische Gefährdung des Wissenschaftlers: *Ein Mann wie ich kann nur auf dem Bauch kriechend in eine halbwegs würdige Stellung kommen.*[332] Galilei, der *an die sanfte Gewalt der Vernunft über die Menschen*[333] glaubt, gelingt es zwar, nach dem Widerruf weiterzuarbeiten und seine subversiven Erkenntnisse zu verbreiten, doch hat er sich durch seinen Verrat als Autorität demontiert, als Vorbild ausgelöscht, ja aus der Wissenschaft ausgegliedert. Brecht zeigt das Versagen eines Intellektuellen, ja er kriminalisiert es: *Wer die Wahrheit nicht weiß, der ist bloß ein Dummkopf. Aber wer sie weiß und sie eine Lüge nennt, der ist ein Verbrecher!*[334] Die Selbstanklage Galileis scheint sich auf die Selbstbeschuldigungen in den Stalin'schen Schauprozessen, vor allem auf die Bekenntnisse Nikolai Bucharins zu stützen und kann somit als Hinweis verstanden werden, den dort Angeklagten ein Versagen wie das Galileis zuzuweisen. Die Schuld Galileis besteht darin, wissenschaftliche Entdeckungen, die der Emanzipation der Unterdrückten dienen könnten, aus Kleinmut und Feig-

Der sehr alte Kardinal: Ich bin nicht irgendein Wesen auf irgendeinem Gestirnchen, das für kurze Zeit irgendwo kreist. Ich gehe auf einer festen Erde, in sicherem Schritt, sie ruht, sie ist der Mittelpunkt des Alls, ich bin im Mittelpunkt, und das Auge des Schöpfers ruht auf mir und auf mir allein. Um mich kreisen, fixiert an acht kristallenen Schalen, die Fixsterne und die gewaltige Sonne, die geschaffen ist, meine Umgebung zu beleuchten. Und auch mich, damit Gott mich sieht. So kommt sichtbar und unwiderleglich alles an auf mich, den Menschen, die Anstrengung Gottes, das Geschöpf in der Mitte, das Ebenbild Gottes unvergänglich […].

Aus: Das Leben des Galilei

heit zu unterdrücken. Gespeist wird dieser Vorwurf aus einem noch ungetrübten voratomaren Fortschrittsglauben Brechts, den er dem Großinquisitor in den Mund legt: *Wenn das Weberschifflein von selber webte und der Zitherschlegel von selber spielte, dann brauchten allerdings die Meister keine Gesellen und die Herren keine Knechte.*[335] An diesem Punkt kommt es im Jahr 1945 zu einer bedeutsamen Modifizierung des Stücks. Im Dezember 1944 hatte Brecht begonnen, den Text zusammen mit dem Hollywood-Schauspieler Charles Laughton, der als Galilei-Besetzung vorgesehen war, für eine amerikanische Aufführung zu bearbeiten. Die Arbeit war noch nicht beendet, als dem Stück im August des folgenden Jahres durch die Atombombenabwürfe auf Hiroshima und Nagasaki über Nacht eine überraschende Aktualität verliehen wurde: *Das*

«atomarische Zeitalter» machte sein Debüt in Hiroshima in der Mitte unserer Arbeit. Von heute auf morgen las sich die Biographie des Begründers der neuen Physik anders. Der infernalische Effekt der Großen Bombe stellte den Konflikt des Galilei mit der Obrigkeit seiner Zeit in ein neues, schärferes Licht.[336] Damit war die Verantwortung des Wissenschaftlers neu zu definieren, konnte er doch mit einem *Superfurz*[337] jener vernichtenden Gewalt den Weg bahnen, die in Deutschland nur durch das Aufgebot von SS, SA sowie riesigen Massenvernichtungsanlagen erreicht wurde. Was in der ersten Fassung ein Verrat an der Wissenschaft war, weitet sich nun zu

Der Atompilz über Nagasaki am 9. August 1945

einem Anschlag auf die Menschheit aus. So wird Galileis Scheitern zur *Erbsünde der modernen Naturwissenschaften*[338], deren *klassische[s] Endprodukt*[339] die Atombombe ist. Die Flucht des Wissenschaftlers in die Enklave seiner Spezialdisziplin erweist sich als inakzeptabel angesichts der Erwartung, *daß der «Jubelschrei[»] über irgendeine neue Errungenschaft von einem universalen Entsetzensschrei beantwortet werden könnte*[340]. Physikalisches Forschen und politisches Handeln überlagern sich, ein herrschaftsfreier Wissenschaftsraum ist Illusion. Angesichts des Einbruchs der modernen Physik in den Alltag lässt die amerikanische zweite Fassung die Schuld der Titelfigur immens anwachsen. Laughton beginnt, so Brecht, sich in die *Größe seines Verbrechens* hineinzuleben. *Er besteht auf die volle Darstellung der Verkommenheit, resultierend aus dem Verbrechen, das Galileis negative Züge zur Entfaltung gebracht hat.*[341] Die Verschärfung des Galilei, ein Tribut an aktuelle Themen, geht einher mit deutlicher Enthistorisierung: Der Florentiner Physiker des 17. Jahrhunderts wandelt sich zur Parabelfigur. Das Drama, das Brecht technisch als großen Rückschritt bezeichnete, erlebte, nach einer eher unbeachteten Uraufführung am Zürcher Schauspielhaus am 9. September 1943, bei seiner amerikanischen Erstaufführung am 31. Juli 1947 in Beverly Hills einen Publikumserfolg. Der prominente Zuschauerkreis, darunter Charles Chaplin, Ingrid Bergman und Anthony Quinn, machte die Aufführung zu einem

Charles
Laughton
als Galilei.
Foto von
Fred Fehl

gesellschaftlichen Ereignis. Seine deutsche Erstaufführung unter der Beteiligung Brechts, der bis kurz vor seinem Tod die Proben geleitet hatte, erfuhr das Stück 1956 am Schiffbauerdamm in Berlin.

Ein Jahr nach Fertigstellung des *Galilei* schließt Brecht im November 1939 ein weiteres seiner «klassischen Dramen» ab: In knapp fünf Wochen hatte er die erste Fassung von *Mutter Courage und ihre Kinder* niedergeschrieben. Die Thematik dieser *Chronik aus dem Dreißigjährigen Krieg*, so der Untertitel, ist wiederum jener aktuelle Krieg, vor dem Brecht die zur Kooperation mit Deutschland neigenden skandinavischen Länder warnen will. Das Stück soll ihnen klar machen, *daß einen langen Löffel haben muß, wer mit dem Teufel frühstücken will*[342]. Basierend auf den Romanen «Simplizissimus» und «Trutz Simplex»[343] von Hans Jakob Christoffel von Grimmelshausen zeigt Brechts Stück *die Erlebnisse einer kleinen Händlerin, die im Krieg Geschäfte machen will und alles verliert*. Der Krieg trifft sie *keineswegs als blindes Schicksal, sondern sie erkennt ihn als die profitablen Machenschaften der Großen; an ihnen will sie sich beteiligen.*[344] Brecht hat die Courage mit dem Widerspruch ausgestattet, den Krieg einerseits der Gewinne wegen zu fordern, ihre Kinder andererseits vor den Folgen des Krieges schützen zu wollen. Vehement bekennt sich die gerissene Händlerin zu einem geschäftstüchtigen Opportunismus, der sie fürchten lässt, *daß die Kriege wie eine knappe Ware «ausgehn könnt»*[345]. Das widerstandslose Ertragen von Unrecht hält sie gar für klug: *Uns haben sie allen Schneid abgekauft. Warum, wenn ich aufmuck, möchts das Geschäft schädigen.*[346] Ihr falsches Lebenskonzept führt dazu, dass sie ein Kind nach dem anderen verliert und darüber hinaus als Geschäftsfrau scheitert. Ihr Niedergang ist dem Unvermögen geschuldet, zu begreifen, *daß man eine große Schere haben muß, um am Krieg seinen Schnitt zu machen*[347]. Mit der Courage hat Brecht eine Figur entworfen, die keinen Erkenntnisprozess durchläuft und die ex negativo wirken soll: *Dem Stückeschreiber obliegt es nicht, die Courage am Ende sehend zu machen, [...] ihm kommt es darauf an, daß der Zuschauer sieht.*[348] Unbelehrt und blind geht die geschundene Frau ihrer Zukunft entgegen. Courages Gegenfigur ist ihre stumme, durch eine grausame Kriegshandlung behinderte Tochter Kattrin, eine ebenso sensible wie im Kampf um Menschenleben radikale, dabei von ihrer Mutter unverstandene Heldin: *Sie hat Furcht vor Krieg. Sie verträgt nichts. Was die für Träum haben muß! Ich hör sie stöhnen nachts. Nach Schlachten besonders. Was sie da sieht in ihre Träum, weiß ich nicht. Die leidet am Mitleid.*[349]

Die historische Handlung des Stückes hat Brecht mit aktuellen Bezügen durchwoben. So erscheint der multinationale Kreis, aus dem die Väter von Courages Kindern stammen, als ein Angriff auf die Rassenpolitik der Nazis. Dem Feldhauptmann legt Brecht eine Mentalitätsbeschreibung der Soldaten in den Mund, die gleichermaßen die Führertreue vieler Deutscher charakterisieren soll. *Ihr Leben ist ihnen wie ein alter verstunkener Fußlappen, den sie wegwerfen in Gedanken an den Endsieg.*[350] Die im Untertitel des Stückes erscheinende Bezeichnung *Chronik* spielt auf eine Geschichtsbetrachtung an, deren Ausgangspunkt im Unterschied zur offiziellen Historiographie die Perspektive der kleinen Leute, der Opfer ist, deren scheinbar unbedeutende Welt gegen die so genannten großen Ereignisse gestellt wird.

Nach Brechts konzeptionellen Kompromissen bei *Carrar* und *Galilei* ist die *Courage* genuin episches Theater mit vorangestellten Inhaltsangaben, die den Blick vom Was auf das Wie lenken sollen, mit eingefügten Songs, die die Figurenperspektive durchbrechen, sowie mit einer Dramaturgie, die gezielt gegen die Spannungsbögen der aristotelischen Dramenarchitektur verstößt. Die Berliner Inszenierung am Deutschen Theater im Jahre 1949 unter der Regie von Brecht und Erich Engel, die sechs Jahre lang auf dem Spielplan blieb, verhalf dem Stück, in dem Helene Weigel die Courage spielte, zum Durchbruch. Trotz des spektakulären Publikumserfolgs bemäkelten die Kulturverantwortlichen der DDR das Fehlen einer sozialistischen Perspektive als Defizit des Stücks. Eine ungeschönte Courage, die als Repräsentantin des von den Nazis korrumpierten Kleinbürgertums verstanden werden durfte, störte den um propagandistischen Optimismus bemühten sozialistischen Aufbau. Bitter kommentiert Brecht: *Die Zuschauer des Jahres 1949 und der folgenden Jahre sahen nicht die Verbrechen der Courage, ihr Mitmachen, ihr am Kriegsgeschäft Mitverdienenwollen; sie sahen nur ihren Mißerfolg, ihre Leiden. Und so sahen sie den Hitlerkrieg an, an dem sie mitgemacht hatten: Es war ein schlechter Krieg gewesen, und jetzt litten sie.*[351]

Aus der Reihe der Exildramen, die thematisch der politischen Gegenwart von Krieg und Faschismus verpflichtet sind, fällt ein Stück heraus, das sich kompromisslos über die Form definiert: *Der gute Mensch von Sezuan*. Brecht wollte, als er sich dieses Projekt im März 1939 vornahm, *die epische Technik entwickeln und so endlich wieder auf den Standard kommen*[352]. Was ihn beschäftigte, war die von ihm bevorzugte Form der Parabel, die, so glaubte er, und spätere Kritiken werfen ihm genau das vor, sehr schnell allzu lehrbuchartig geraten konnte: *Wie kann die Parabel Luxus bekommen? Wie kann der Eindruck der Milchmädchenrechnung vermieden werden?*[353] Noch im Sommer 1940 klagt er, das Stück mache ihm *mehr Mühe als je ein anderes Stück vorher*[354], erst Ende Januar 1941 schließt er es ab. Der Rahmen des Stücks, das Texte chinesischer Klassiker ebenso verwertet wie Nietzsches Gedicht «Vereinsamt», stellt sich als ein Experiment dar: Drei Götter haben den Auftrag, über den Zustand der Welt zu befinden; die Welt wäre legitimiert, *wenn genügend gute Menschen gefunden werden, die ein menschenwürdiges Dasein leben können*[355]. Denn *seit zweitausend Jahren geht dieses Geschrei, es gehe nicht weiter mit der Welt, so wie sie ist. Niemand auf ihr könne gut bleiben.*[356] Es gehört zur Komik des Stückes, dass die Götter, die im Lauf ihrer Mission ein zunehmend ramponiertes und geschundenes Aussehen annehmen, schnell bereit sind, ihre Hoffnungen auf eine einzige Person, auf die Prostituiere Shen Te, zu setzen. Auch schrecken sie, die eigentlich *nur Betrachtende*[357] sein dürfen, vor Betrug nicht zurück, indem sie mit einem existenzfördernden Geldgeschenk an die junge Frau einem Scheitern ihres Unternehmens zuvorzukommen versuchen. Das unverhoffte Kapital macht Shen Te zwar zur Besitzerin eines kleinen Tabakladens, der sie hoffen lässt, *jetzt viel Gutes tun zu können*[358], stürzt sie aber zugleich in einen nicht zu lösenden Widerspruch: Aus moralischem Antrieb möchte sie einerseits den zahllosen Bittstellern, die sich an die über Nacht aufgestiegene Kleinbürgerin wenden, helfen, muss aber andererseits, um das Geschäft zu erhalten, eine Strategie der sozialen Kälte verfolgen. Ihre Karriere sichert sie sich durch die Flucht in eine doppelte Identität: Sie erfindet den Vetter Shui Ta, in dessen Gestalt sie rücksichtslos agiert und sogar zum *Tabakkönig*[359] aufsteigt, soziale Existenzen vernichtet, Arbeiter *in schmutzigen Schwitzbuden*[360] zu menschenunwürdigen Lohnskla-

ven degradiert, um in ihrer alten Identität als Shen Te Nächsten-
liebe zu praktizieren. Die Forderung der Götter, *gut zu sein und doch
zu leben*[361], zerreißt die Protagonistin *wie ein Blitz in zwei Hälften*.
Sie weiß nicht, *wie es kam: Gut sein zu anderen / Und zu mir konnte ich
nicht zugleich.*[362] Nur die Lebenslüge ermöglicht es ihr, sich mit der
Tatsache zu arrangieren, dass ein rechtschaffenes Leben die Gewinne des Geschäfts benötigt, das sich wiederum aus dem Elend
der Armen nährt. Allerdings ruiniert die Dynamik des Unterneh-
mertums auch ihre Persönlichkeit, Shen Te degeneriert zur asozia-
len Einsamen, deren sozialer Instinkt am Ende ausschließlich dem
ungeborenen Kind gilt, während sie für die Welt nur noch ein wildes Tier sein will. Ihre Personenspaltung ist Sinnbild einer Verfremdung, die ihr von der Gesellschaft aufgezwungen wird. Während das Experiment somit eine Unbewohnbarkeit der Welt ans
Licht bringt, flüchten sich die Götter, mit Blick auf die halb gute,
halb schlechte Shen, in die Behauptung *Es ist alles in Ordnung*[363]
und entschwinden auf einer, mit niederem Kitsch kokettierenden
rosa Wolke[364], eine auch für sie höchst ungemütliche Welt verlassend. Sie haben es eilig, denn sie trauen ihrem «Beweis» nicht:
Lang besehn, ihn zu beschreiben / Schwände hin der schöne Fund.[365]
Einer Lösung verweigert sich das Stück durch seinen offenen
Schluss. *Wir stehen selbst enttäuscht und sehn betroffen / Den Vorhang
zu und alle Fragen offen*[366], heißt es im Epilog, der den Zuschauer
auffordert: *Los, such Dir selbst den Schluß.*[367] Das Bühnenspiel ist zu
Ende, die Konsequenz des Stückes hat der Zuschauer selbst in die
veränderungswürdige Wirklichkeit hinein zu verlängern. *Der gute Mensch von Sezuan* erlebte seine hoch gelobte Uraufführung am
4. Februar 1943 am Zürcher Schauspielhaus, seine deutsche Erstaufführung 1952 in Frankfurt am Main, ein ebenso großer, durch
32 Vorhänge belegter Erfolg.

Die Aufspaltung einer Person in zwei Gesichter als Ausdruck
zweier in sich höchst widersprüchlicher Seelen wiederholt Brecht
in seiner Komödie *Herr Puntila und sein Knecht Matti*, die er im September 1940 abschließt. Ausgangspunkt ist die auf Gut Marlebaeck
von der Gastgeberin Hella Wuolijoki vorgetragene und von der
Schriftstellerin in Form einer Kurzgeschichte und eines Film-
skripts niedergelegte authentische Geschichte eines tavastländi-

schen Großbauern, der in nüchternem Zustand ein rücksichtslo-
ser, unnachsichtiger Arbeitgeber ist, in betrunkenem Zustand dagegen ein großzügiger, charmanter Kraftmensch, der sich mit dem
Personal verbrüdert und mit Hundertmarkscheinen um sich wirft.
Die konventionelle Konversationskomödie mit Happy End baut
Brecht seinem Realismusverständnis folgend um, indem er die
landläufige Familienblattpsychologie[368] gegen eine soziale Profilie-
rung des Herr–Knecht-Verhältnisses austauscht. Puntila ist bei
Brecht ein «Doppelwesen»[369], in dem menschliche Natur und
soziale Rolle auseinander zu laufen scheinen. Als ausbeutender
Gutsbesitzer mit Sägewerk, Mühle und 90 Kühen besteht er auf
Klassenschranken: *Zehn Schritt Abstand (zum Gesinde) und keine Ver-
traulichkeiten, sonst herrscht Chaos.*[370] Im Alkoholrausch bedauert er
solche *Anfälle von totaler, sinnloser Nüchternheit*[371], die ihn zu einem
Menschen machen, *dem man alles zutrauen kann*[372]. Dieser «domes-
tizierte Baal»[373] umwirbt und kommandiert in Abhängigkeit von
seinem jeweiligen Zustand den Chauffeur Matti, in den frühen
Entwürfen «Kalle» genannt, der den Prototyp des kleinen Mannes
verkörpert und der mit dem rhetorischen Mittel der Ironie zu seinem Arbeitgeber Abstand hält. Brecht hat große Anstrengung darauf verwendet, das Figurenpaar in Sprache und Gestus bis in den
Tonfall hinein sozial auszuarbeiten: *Die ganze Arbeit ging sehr glatt,
als ich ein paar Sprachmodelle hatte, jedes etwa 20 Zeilen (Puntila-Ton,
Kalle-Ton …).*[374] Puntila eignet der Ton des herablassenden Herren,
Matti der subversive des Schwejk. Auf den Vorwurf, er wechsele
seine Ansichten wie eine Windfahne die Richtung, entgegnet Matti: *Das ist richtig. Aber es ist nicht gerecht, wie man von Windfahnen redet, sondern gedankenlos. Sie sind aus Eisen, und was Festeres gibt's nicht,
nur fehlt ihnen die feste Grundlage. (Er reibt Daumen und Zeigefinger).*[375]
In nur gespieltem Einverständnis begegnet er den Vertraulichkei-
ten des Puntila, behält aus Selbstschutz stets die Kontrolle über das
Wechselbad der Situationen, eine Kontrolle, die seinem Herrn ent-
gleitet. Brecht knüpft an Hegels Dialektik von Herrschaft und
Knechtschaft an, wenn er Matti dabei mit der Machtposition des
souverän Reflektierenden versieht, der mit dem Fortschreiten der
Handlung die repressive Nüchternheit seiner Herrschaft nicht
mehr akzeptiert und den Hof verlässt. Puntilas undisziplinierte
Menschlichkeit im Zustand des Rausches ist mit all ihren Verspre-

chungen nämlich nicht nur folgenlos für die, die von ihm abhängen; er gibt selbst im Suff die Herrenrolle nicht auf, das Personal, ob Kellner oder Chauffeur, muss ihm stets zu Diensten sein, Arbeitern auf dem Gesindemarkt werden leere Versprechungen gemacht, selbst die soziale Anbiederung erfolgt aus der keinesfalls suspendierten Machtstellung heraus: *Sind wir nicht freie Menschen?*, fragt Puntila und fährt, indem er Mattis entschiedenes *Nein* übergeht, ebenso paradox wie jovial fort: *Na, siehst du. Und als freie Menschen können wir tun, was wir wollen, und jetzt wollen wir niedrig sein.*[376] Als *komisches Spiel*[377] bezeichnet der Prolog das Stück und kündigt mit Puntila *ein gewisses vorzeitliches Tier* an, das *als sehr verfressen und ganz unnützlich bekannt*[378] sei. Die Komödie zeigt das Dargestellte als historisch überwunden, das Vergnügen entwickelt sich aus einer retrospektivischen, überlegenen Position. Zustimmend zitiert Brecht den Marx'schen Satz, dass die letzte Phase einer weltgeschichtlichen Gestalt ihre Komödie sei. Den strengen Komödienbegriff aufbrechend, spricht Brecht auch von einer literarischen Revue bzw. von einem Volksstück. Damit dürfte er polemisch auf die zurückliegende Expressionismusdebatte, in der Volkstümlichkeit als Kampfbegriff gegen die Moderne verwendet wurde, Bezug nehmen, um deutlich zu machen, wie ein zeitgemäßes Volksstück aussehen könnte.

Die Uraufführung des *Puntila* fand am 5. Juni 1948 wiederum am Zürcher Schauspielhaus statt; im folgenden Jahr können bereits 21 Inszenierungen an deutschen Bühnen gezählt werden. Erst Ende 1949 inszenierte das Regieteam Brecht, Erich Engel und Caspar Neher, das sich in den zwanziger Jahren so erfolgreich gezeigt hatte, *Puntila* als Eröffnungsstück des Berliner Ensembles, das zu diesem Zeitpunkt noch im Deutschen Theater beheimatet war. Dass die Figur des Puntila als allzu positiv missverstanden wurde, irritierte Brecht und veranlasste ihn, diesen *finnischen Bacchus*[379] und seine Standeskumpanen mit hässlichen Masken im Bereich der Groteske anzusiedeln, um so einem Sympathieüberschuss entgegenzuwirken.

Das Vorrücken der deutschen Truppen schien während Brechts letzter europäischer Exilstation in Finnland unaufhaltsam. Unter dem auf diese Furcht der Nazi-Ggegner gemünzten Titel *Der auf-*

haltsame Aufstieg des Arturo Ui, der sich in seinem historischen Optimismus auch der Blitzkrieg-Propaganda der Nazis entgegenstellt, beginnt Brecht im März 1941 mit einem Stück, das er in nur drei Wochen niederschreibt und für das er sich in Amerika, wohin er nun flüchten will, Chancen erhofft: *An das amerikanische Theater denkend, kam mir jene Idee wieder in den Kopf, die ich einmal in New York hatte, nämlich ein Gangsterstück zu schreiben, das gewisse Vorgänge, die wir alle kennen, in Erinnerung ruft.*[380] In seinem Theaterstück werden die großen amerikanischen Verbrechersyndikate zur Parallelwelt des Dritten Reiches. Der Gangster Arturo Ui und seine Bande agieren im Auftrag des Karfioltrusts, um dessen Absatz gegenüber den Kleinhändlern durchzusetzen, *weil die Händler / nach seiner Meinung lieber noch Karfiol / Als Särge kaufen*[381]. Auch in der Abwendung juristischer Klagen durch Beseitigung von Zeugen erweist sich die Ui-Gruppe für die Trusts als nützlich. Die dadurch erworbene Macht lässt sie zu gleichberechtigten Partnern der Monopole aufsteigen, ein Bündnis zum beiderseitigen Vorteil. Sosehr Brecht die Chicagoer Bandengeschichte mit Blick auf den Aufstieg der Nazis entwickelt und mit diesem verzahnt, so wenig geht es ihm um eine verfremdete Symbolisierung politischer Vorgänge: *Im Ui kam es darauf an, einerseits immerfort die historischen Vorgänge durchscheinen zu lassen, anderseits die «Verhüllung» (die eine Enthüllung ist) mit Eigenleben auszustatten, dh, sie muss – theoretisch genommen – auch ohne ihre Anzüglichkeit wirken.*[382] Eine zu enge Verknüpfung von Gangster- und Nazi-Handlung berge die Gefahr, dass man *dann unaufhörlich nach der «Bedeutung» dieses und jenes Zuges suchen würde, bei jeder Figur nach dem Urbild forschen würde*[383].

Literatur über amerikanische Bandenkriege, die Biographie Al Capones, eines Self-made-Mannes im Stile der bürgerlichen Rockefellers und Morgans, sowie Gangsterfilme, die Brecht sich während seines New-York-Aufenthalts zusammen mit Hanns Eisler angeschaut hatte («um, wie wir uns beide lügnerisch versicherten, soziale Studien zu betreiben»[384]), waren das Material, mit dem er sich die Eigenwelt des amerikanischen Verbrechermilieus erschloss.

Brechts Ui ist ein Parvenü, an dem Brecht die *Theatralisierung der Politik*[385], ein herausragendes Merkmal faschistischer Selbstdarstellung, ausführt. Unter Berufung darauf, dass Hitler *dem Verlau-*

ten nach Unterricht in Deklamation und edlem Auftreten von dem Pro-
vinzschauspieler Basil[386] erhielt, lässt sich auch Ui Gestik und Rhetorik antrainieren, um als Schmierenschauspieler zu brillieren:
Es komme darauf an, *wie sich der kleine / Mann halt seinen Herrn
vorstellt. Basta.*[387] Seine Rhetorik speist sich aus Leerformeln und
Feindbildattacken, es mischen sich Pathos und kläglicher Jargon,
Sendungsbewusstsein und autobiographisches Bekenntnis: *Als
ich / Vor nunmehr vierzehn Jahren als Sohn der Bronx und / Einfacher
Arbeitsloser in dieser Stadt / Meine Laufbahn anfing [...].*[388] Von seinem versoffenen Schauspiellehrer, einem *Klassikanischen*[389], lässt
er sich im *großen Stil*[390] unterrichten. Auf den Einwand, solche
Theatralik wirke unnatürlich, entgegnet er: *Was heißt unnatürlich?
Kein Mensch ist heut natürlich. Wenn ich gehe, wünsche ich, daß es bemerkt wird, daß ich gehe.*[391] Der *große Stil* begründet zugleich die Ästhetik des in Blankversen geschriebenen Dramas, das durch die
Verbindung von Gangstermi-
lieu und Historiendramatik
seine Verfremdung erfährt. Pa-
rodien auf klassische Szenen
wie Shakespeares Antonius-
Rede aus «Julius Cäsar» oder
die Gartenszene aus Goethes
«Faust» erzeugen einen literarischen Kontext, in dem *das
Heldentum der Figuren meß-
bar*[392] gemacht wird. Es geht
Brecht darum, den Mythos ver-
brecherischer Helden, deren
Linie von Hitler über Capone
bis tief in die Geschichte zu-
rückreicht, aufzubrechen: *Dieser Respekt vor den Tötern muß
zerstört werden.*[393] Polemisch
kommentiert er den in der Historiographie unkritisch ver-
wendeten Begriff der «Größe»:
*Die großen politischen Verbrecher
müssen durchaus preisgegeben*

«Arturo Ui»: Ekkehard Schall
als Arturo Ui in der Inszenierung von Peter Palitzsch und
Manfred Wekwerth am Ber-
liner Ensemble, 1959

werden, und vorzüglich der Lächerlichkeit [...], denn sie sind vor allem keine großen politischen Verbrecher, sondern die Verüber großer politischer Verbrechen.[394] Eine *Historienfarce*[395] und eine *Jahrmarktshistorie*[396] hat er seinen Versuch genannt, mit *Arturo Ui* Hitler auf dem Höhepunkt seiner Macht für die Gegenwart und Nachwelt zu demontieren.

Brechts Bemühen, das Stück im neuen Exilland Amerika zur Aufführung zu bringen, war komplett erfolglos. «Niemand in Amerika interessierte sich für das Stück»[397], weder der Stoff noch der kommunistische Autor waren gefragt.

Amerika

Am 21. Juli 1941 trifft Brecht in San Pedro, dem Hafen von Los Angeles, ein. Der alte Münchener Freund Lion Feuchtwanger hatte ihm geraten, sich wegen der Arbeitsmöglichkeiten und günstiger Lebenshaltungskosten in Hollywood niederzulassen. Doch von Beginn an scheint sich in der Neuen Welt alles gegen ihn zu verschwören. Die anfänglichen Unterkünfte stoßen ihn ab, ein Holzhaus in Santa Monica, eine *schreckliche Kleinbürgervilla mit Gärtchen*[398], empfindet der Stückeschreiber als unbehaglich. Gegenüber den beschaulichen skandinavischen Exilorten ist er in Amerika mit einer Kultur konfrontiert, der er schon in den ersten Wochen seines Aufenthalts mit abwehrendem Hass begegnet. *Fast an keinem Ort war mir das Leben schwerer als hier in diesem Schauhaus des easy going*[399], notiert er enttäuscht. Das zersiedelte Hollywood ist für den Augsburger städtebaulich ein Kulturschock: *Ich komme mir vor wie aus dem Zeitalter herausgenommen, das ist ein Tahiti in Großstadtform.*[400] Immer stärker bezieht Brecht, der bisher klaglos sein Ausgebürgertsein hingenommen hatte, Kampfstellung gegen die amerikanische Alltagskultur, die seinen seit Augsburger Tagen gepflegten Gewohnheiten, beginnend mit der Küche, zuwiderläuft: *Es gibt kein richtiges Brot in den Staaten und ich esse gern Brot.*[401] Auch das viel gepriesene milde Klima Kaliforniens wird als Störfaktor wahrgenommen: *Merkwürdig, ich kann in diesem Klima nicht atmen. Die Luft ist völlig geruchlos, morgens und abends gleich, im Haus*

Ruth
Berlau und
Brecht
in Santa
Monica,
1943

wie im Garten. Und es gibt keine Jahreszeiten.[402] Ungemütlich auch
der mobile Lebensstil der Gastgeber: *Es sind tatsächlich Nomaden. Sie
wechseln die Berufe wie Stiefel, bauen Häuser für nur 20 Jahre und woh-
nen die Zeit nicht aus, so ist ihre Heimat nichts Lokales.*[403] In keiner Phase seines Schriftstellerlebens ist Brecht so wenig produktiv wie im
amerikanischen Exil. Ungeduldig notiert er noch im ersten Jahr
seiner Ankunft: *Zum ersten Mal seit 10 Jahren arbeite ich nichts Ordent-
liches.*[404] Finanzielle Unterstützung bezieht Brecht vorläufig von
dem von Fritz Lang gegründeten «European Film Fund», Helene
Weigel ist gezwungen, Kleidung für die Kinder und Möbel
von der Heilsarmee zu erwerben. Unter dem Druck, sich mit seiner
Familie durchzuschlagen, begegnet der Autor, der in Europa oft
allein durch seinen Namen auf Hilfe rechnen konnte, nun einem
Arbeitsmarkt, dessen kapitalistische Philosophie ihm aus seinen
eigenen Stücken, aus *Im Dickicht* etwa, allzu bekannt sein müsste:
*Die Sitte hier verlangt, daß man alles, von einem Achselzucken bis zu
einer Idee, zu «verkaufen» sucht, dh, man hat sich ständig um einen Ab-*

nehmer zu bemühen, und so ist man unaufhörlich Käufer oder Verkäufer, man verkauft sozusagen dem Pissoir seinen Urin. Für die höchste Tugend gilt der Opportunismus, die Höflichkeit wird sogleich zur Feigheit.[405]

War Brecht in seinen früheren Stücken vom Ehrgeiz getrieben, die verschleierten Spielregeln kapitalistischer Gesellschaften aufzudecken, so stößt ein solcher Aufklärungsimpetus hier ins Leere, da niemand sich um einen verklärenden Schein von Tugendhaftigkeit bemüht: *Hier hat man einen direkt vom Bürgertum eingerichteten Staat vor sich, der sich natürlich keinen Augenblick schämt, bürgerlich zu sein. Das Parlament ist mehr oder weniger eine Agentur und handelt und spricht als eine solche. Das ist kaum Korruption, da kaum eine Illusion besteht.*[406] Angesichts solcher Erkenntnis müssen ihm Teile seiner auf gesellschaftliche Aufklärung zielenden dramatischen Programmatik als ebenso hinfällig erscheinen, wie die Hoffnung auf Aufführungsmöglichkeiten seiner Stücke als haltlos. So richtet er seine Anstrengungen darauf, die Nähe der großen Filmstudios zu nutzen, um als Drehbuchautor Fuß zu fassen. Mehr als 50 Filmentwürfe sind während seines achtjährigen Amerika-Aufenthalts entstanden. Gescheitert ist er mit nahezu allen. Es gelingt ihm nicht, der normierten Ästhetik der amerikanischen Vergnügungsindustrie zu entsprechen, wiewohl er dies mit allen Kräften und ohne allzu große künstlerische Skrupel versucht. So blickt er bald mit Verachtung auf die Niederungen des für ihn unzugänglichen Filmgeschäfts: *Die Regisseure und Schauspieler hier suchen Storys mit einer «message», d. h. einer Moral, einem Metro-Goldwyn-Mayer-Evangelium für den kleinen Mann.*[407] Und deutet sein Werben bei den Filmgesellschaften als einen entwürdigenden Überlebensversuch: *Jeden Morgen, mein Brot zu verdienen / Gehe ich auf den Markt, wo Lügen gekauft werden / Hoffnungsvoll / Reihe ich mich ein zwischen die Verkäufer.*[408] In Form eines Klagegesangs nähert er sich in seinen *Hollywood-Elegien* jenem Ort, dessen Geschichte auf falsche Träume aufgebaut ist und der sich dem Betrachter als Albtraum präsentiert: *Am Meer stehen die Öltürme. In den Schluchten / Bleichen die Gebeine der Goldwäscher. Ihre Söhne / Haben die Traumfabriken von Hollywood gebaut. / Die vier Städte / Sind erfüllt vom Ölgeruch / Der Filme.*[409] Immerhin gelingt es Brecht, mit «Hangmen Also Die!», einem der wenigen rentablen Drehbücher, zu einem bescheidenen Wohlstand zu gelangen. Endlich gewinnt er durch die Anschaffung eines Autos die geschätzte Beweglichkeit zurück, und auch ein Umzug in die 26. Straße wird möglich, wo er, der alte Möbel und alte Häuser liebt, endlich ein Heim erwirbt, das ihm im Rahmen der landesspezifischen Möglichkeiten zusagt: *Das Haus ist eines der ältesten, etwa 30 Jahre alt.*[410] Sein höchstes Filmhonorar wird er 1944 durch den Verkauf der Rechte an dem gemeinsam mit Lion Feuchtwanger verfassten Drama *Die Gesichte der Simone Machard* erzielen.

Im Februar 1943 unternimmt Brecht die erste seiner insgesamt fünf Reisen nach New York, eine Stadt, die ihm in ihrer Urbanität und Kultur sehr viel mehr behagt als das Kunstgewächs Hollywood. Die Fahrt mit der «Southern Pacific Railroad» dauerte vier Tage und vier Nächte. In New York hatte sich inzwischen seine Geliebte Ruth Berlau niedergelassen. Ihre Wohnung in der 57. Straße macht Brecht umgehend zu seinem New Yorker Heim, wo er auch sein Büro einrichtet und Freunde und Kollegen trifft. Berlaus Beziehung zu Brecht ist inzwischen von enttäuschten Hoffnungen, Erpressungsversuchen und Eifersuchtsattacken geprägt, die den umworbenen Brecht zeitweise auf Distanz gehen lassen, ohne jedoch die Liebesbeziehung infrage zu stellen. 1944 wird sie ein Kind von ihm zur Welt bringen, das unmittelbar nach der Geburt stirbt. Psychisch erkrankt weist man sie noch im selben Jahr in eine psychiatrische Anstalt ein. Später wird sie gegenüber Brecht eine Art Generalschuld aussprechen und es als einen Fehler bereuen, ihm ins amerikanische Exil gefolgt zu sein, anstatt im dänischen Untergrund politisch zu kämpfen.

In New York kommt es zu zahlreichen Begegnungen mit Freunden und Diskussionspartnern aus Berlin. Er trifft seine Mitarbeiterin Elisabeth Hauptmann, den Verleger Wieland Herzfelde und lernt den Komponisten und späteren Mitarbeiter Paul Dessau kennen. Mit dem Sinologen Karl August Wittfogel besucht er Theateraufführungen in Chinatown, mit George Grosz erlebt er einen Freund, der sich von den politischen Idealen der Berliner Zeit verabschiedet hat und ein begeisterter «Amerikaner» geworden ist. Das gilt auch für Kurt Weill, der in Amerika zu den erfolgreichen Komponisten zählt und an dessen Karriere Brecht zu erkennen glaubt, wie groß Opfer- und Anpassungsbereitschaft sein müssen,

Brecht in New York, fotografiert von Ruth Berlau auf dem Balkon ihrer Wohnung, 1946

um sich in der amerikanischen Kultur als Künstler zu etablieren. Zu den Höhepunkten seines New-York-Aufenthalts dürfte ein Brecht-Abend zählen, den die «Tribüne für freie deutsche Literatur und Kunst in Amerika» für den Dichter ausrichtet, an dem Brecht-Gedichte vorgetragen und Szenen aus *Furcht und Elend des Dritten Reiches* unter der Regie von Berthold Viertel aufgeführt werden – eine Genugtuung für den Stückemacher, dessen Kreativität in Hollywood so wenig zählt.

Zu Hause, an der Westküste, hat sich die deutschsprachige Emigrantenkolonie nach Sympathie und politischem Standort in verschiedenen Zirkeln organisiert. Brecht verkehrt bevorzugt mit Hanns Eisler, Lion Feuchtwanger sowie den Schauspielern Fritz Kortner und Peter Lorre. Lorre, der 1931 den Galy Gay in *Mann ist Mann* gespielt hatte, gelingt in Hollywood eine steile Karriere, er spielt in Filmklassikern wie «Die Spur des Falken» und «Casablanca», schon bei Fritz Langs «M – Eine Stadt sucht einen Mörder» hatte er die Hauptrolle übernommen. Brecht schätzt Lorres trockenen Ton ebenso, wie der Schauspieler den Dramatiker und Regisseur vorbehaltlos bewundert. Über Hanns Eisler lernt Brecht den Komponisten Arnold Schönberg kennen, der (*ein Gemisch von Genie und Verdrehtheit*[411]) bei ihm einen tiefen Eindruck hinterlässt, auch wenn er das *Musikalisch-Technische*[412] seiner Ausführungen nicht versteht: *Ein Jammer, daß wir noch nicht einmal so in Musik gebildet wurden, daß wir wenigstens verstehen, «was» wir da nicht verstehen.*[413] Der Zwölftonmusik des Komponisten, der, so ein Tagebucheintrag, *die klassische Musik (verrettet)*[414], steht Brecht skeptisch gegenüber, sie habe *etwas Kreisendes, die Bewegung führt nicht fort, die Logik genügt nur sich selbst*[415]. Erst 1945 lernt Brecht Charles Chaplin kennen. Ins Tagebuch schreibt er: *Party bei Eissler. CHAPLIN kopiert meisterhaft einen Chopinfilm mit Muni.*[416] Zu einer Annäherung der beiden kommt es nicht, da Chaplin keines der Brecht'schen Stücke kennt und Brechts Englisch nicht ausreicht, um sich auf einem beiden genehmen Niveau auszutauschen.

Die räumliche Nähe der exilierten Künstler, die sich in ihrer schwierigen Lage durch ästhetische und politische Abgrenzung, auch durch persönliche Diffamierungen zu behaupten suchen, führte zu erheblichen Spannungen unter den Kalifornien-Deutschen. An Karl Korsch berichtet Brecht: *Die Feindschaften gedeihen hier wie die Orangen und haben wie die keine Kerne. Die Juden werfen sich gegenseitig Antisemitismus vor, die arischen Deutschen beschuldigen sich des Philodeutschtums.*[417] Auf dem Markt der bösartigen Anfeindungen mischt Brecht selbst allerdings kräftig mit. Seine ganze Ablehnung gilt etwa den Mitarbeitern des emigrierten Frankfurter Instituts für Sozialforschung, das sich mit Namen wie Theodor W. Adorno, Max Horkheimer, Herbert Marcuse und Friedrich Pollock verbindet. Diese Intellektuellen, die ihre gesellschaftskritischen Reflexionen weit entfernt von Brechts revolutionärem Geschichtsverständnis ansiedeln, überschüttet Brecht mit Hohn und maßlos entstellenden Beschreibungen: *[...] Horkheimer ist Millionär, Pollock nur aus gutem Hause, so kann nur Horkheimer sich an seinem jeweiligen Aufenthaltsort eine Professur kaufen zur Deckung der revolutionären Tätigkeit nach außen hin.*[418] Bevorzugtes Objekt seiner persönlichen Abneigung ist auch weiterhin Thomas Mann. Die finanzielle Not des Bruders Heinrich Mann wendet Brecht genüsslich gegen den Großschriftsteller, dabei die Tatsachen umdeutend: Heinrich Mann habe *nicht das Geld, einen Arzt zu rufen, und sein Herz ist verbraucht. Sein Bruder, mit einem Haus das er sich baute, 4–5 Autos, läßt ihn buchstäblich hungern.*[419] Ebenso wie den verarmten Heinrich Mann schätzt Brecht den im Exil völlig erfolglosen, weil literarisch kompromisslosen Alfred Döblin. Als Peinlichkeit ist in die Geschichte der kalifornischen Exilgemeinde die von Freunden ausgerichtete Feier zu dessen 65. Geburtstag eingegangen: Der inzwischen zum Katholizismus konvertierte Schriftsteller schockierte die prominenten Gäste mit dem Bekenntnis, er selbst trage Schuld am Aufstieg der Nazis, da er Gott vernachlässigt habe, auf diese Weise, so Brecht in einem diesem Vorfall gewidmeten Gedicht, *die irreligiösen / Gefühle / Seiner Zuhörer verletzend, unter denen / Jugendliche waren*[420].

Von Kalifornien aus beobachtet und diskutiert Brecht im Kreis der Emigranten mit Sorge den Kriegsverlauf. Am 8. Dezember 1941 erklären die USA Japan den Krieg. Erleichtert schreibt Brecht in sein Tagebuch: *Als wir das Radio andrehten, wurde uns klar, daß wir wieder «auf der Welt» waren. Eine riesige Nation erhob sich, halb schlaftrunken, um in den Krieg zu gehen.*[421] Nun merke Hitler *in den Tagen, wo die größte Industriemacht der Welt in den Krieg eintritt, daß der Winter in Rußland kalt ist*[422]. Mit dem Eintritt Amerikas änderte sich zwar der Alltag der Emigranten kaum, von nächtlichen Ausgehbeschränkungen abgesehen, dagegen leitete das FBI eine intensive Überwachung der deutschen Hitler-Gegner ein. Systematisch wird auch Brechts Korrespondenz geöffnet, sein Telefon abgehört. Ein tausendseitiges Dossier ist das Ergebnis, das sich sogar hilflos um Einschätzungen seiner Projekte bemüht. Bevorzugt mit Feuchtwanger, dessen Glaube an die historische Vernunft unerschütterlich ist, bespricht Brecht die Perspektiven des Krieges: *Feuchtwanger zeigt alleräußerstes Erstaunen, wenn jemand daran zweifelt, daß die Russen noch siegen könnten. Ein Zweifel daran erscheint ihm reiner Aberwitz. Ich freue mich sehr.*[423] Stets wiederkehrendes Thema ihrer Gespräche ist das Phänomen Hitler, mit dessen politischer Dimension Brecht sich bereits im *Arturo Ui* beschäftigt hatte. Gegen Feuchtwanger, der in Hitler einen unbedeutenden Erfüllungsgehilfen sieht, kontert Brecht: *Man bekämpft Hitler nicht, wenn man ihn als besonders unfähig, als Auswuchs, Perversität, Humbug, speziell pathologischer Fall hinstellt.*[424] Auch der Amerikaner, kommentiert er ironisch, *versteht überhaupt nicht, wie ein Mann nichts sein könnte, wenn die USA 40 Milliarden zu seiner Vertilgung ausgeben wollen*[425]. Nicht wenige Beobachter irritiert die selbst gegen Ende des Kriegs noch ungebrochene Kampfbereitschaft der deutschen Soldaten, in der man einen ausgeprägten Sinn für Hörigkeit und Fanatismus zu sehen glaubt. Kategorisch verschließt sich Brecht solchen Thesen, indem er, insgeheim auf Anzeichen oppositionellen Handelns hoffend, auf den Zwang des Systems verweist: Die Bevölkerung habe *die SS auf dem Genick*[426], stehe *ökonomisch unter dem Stiefel der Besitzenden*[427] und die Soldaten seien, wie sie sind, *weil die herrschende Klasse noch herrscht*[428]. Hinter dieser ebenso trotzigen wie abstrakten Reaktion verbirgt sich die strikte Ablehnung einer auch in Amerika gebilligten These, die Hitler mit dem deutschen Volk gleichsetzt. Den Vorschlag, alle Deutschen nach dem Krieg zu sterilisieren, unterstützt selbst Ernest Hemingway, und voller Verachtung zitiert Brecht in seinem Tagebuch Thomas Manns Satz, er, Mann, *könne es nicht unbillig finden, wenn «die Alliierten Deutschland zehn oder zwanzig Jahre züchtigten»*[429]. In einem wüsten Angriff fällt Brecht über diese *Jämmerlichkeit*[430] her, bezichtigt das deutsche Volk nun seinerseits, *daß es nicht nur die Untaten des Hitlerregimes, sondern auch die Romane des Herrn Mann geduldet hat*[431]. Brecht kann hier nicht nur seine Fehde mit dem insgeheim beneideten Erfolgsschriftsteller weiterführen, ihn beunruhigt auch die Vorstellung, eine von den Westmächten verantwortete «Züchtigung» könnte revolutionäre Veränderungen in Deutschland disziplinieren. Brecht, der die Entscheidung von Intellektuellen wie Herbert Ihering, Caspar Neher oder Peter Suhrkamp, in Deutschland zu bleiben, stets respektiert hat, lehnt die Kollektivschuldthese kategorisch ab und hält die daraus abgeleiteten Erziehungsprogramme für zynisch. In diesem Sinn macht er in seinen Aufzeichnungen Thomas Mann zu einer Karikatur arroganter Bürgerlichkeit: *Als Thomas Mann vorigen Sonntag, die Hände im Schoß, zurückgelehnt sagte: «Ja, eine halbe Million muß getötet werden in Deutschland», klang das ganz und gar bestialisch. Der Stehkragen sprach.*[432]

Die schriftstellerischen Ergebnisse des achtjährigen Amerika-Aufenthalts sind, gemessen an Brechts skandinavischen Jahren, gering. Das erste in Kalifornien entstandene Stück schreibt er im Zeitraum von Oktober 1942 bis Februar 1943 zusammen mit Lion Feuchtwanger: Das Drama *Die Gesichte der Simone Machard*, eine auf das mit den Nazis kollaborierende Frankreich gemünzte Jeanne-d'Arc-Variation. Die Fabel hatte Brecht bereits 1940 skizziert: *Eine junge Französin in Orleans, in Abwesenheit ihres Bruders eine Tankstation bedienend, träumt im Wachen und Schlafen, sie sei die Jeanne d'Arc und erlebe ihr Schicksal.*[433] Im Stück ist die Titelfigur ein Kind, das *mit zu langer Schürze und zu großen Schuhen*[434] in einem Hotelleriebetrieb ausgebeutet wird. Da ihr geliebter Bruder an der Front gegen die Deutschen kämpft, fühlt sie sich herausgefordert, alles zur Rettung Frankreichs zu tun. Die Lektüre eines Buches über die heilige Johanna, das der Patron ihr überlässt, beflügelt sie in ihrem Patriotismus. In einem steten Wechsel von Realszene und einer das Realgeschehen kommentierenden, in der Welt der Johanna-Legende angesiedelten Traumszene, gipfelt ihr Eifer in einer patriotischen Tat. Als die Deutschen die Stadt besetzen, zündet sie die Benzinvorräte an, die ihr Patron für den Schwarzmarkt hortet und deren Auslieferung an die Deutschen sie verhindern will. Für den Patron, einen schamlos auf seinen wirtschaftlichen Vorteil bedachten Repräsentanten der besitzenden Klasse, ist Simones Sabotageakt eine feindliche Handlung. Das Mädchen greift nicht nur sein heimlich gehortetes Eigentum an, es behindert damit auch die auf seinen Vorteil bedachte Kollaboration mit der deutschen Besatzung. So lässt er Simones Widerstand mit ihrer Einweisung in eine *Schwachsinnigenanstalt*[435] ahnden. Das Stück deutet die Besatzung Frankreichs durch deutsche Truppen, die Brecht in einem Tagebucheintrag mit den lapidaren Worten festhält: *Frankreichs Fall, Sturz eines Weltreichs in drei Wochen*[436], als einen *Sieg der fünften Kolonne*[437]. Nicht die Unbesiegbarkeit der deutschen Truppen, sondern die Kollaborationsbereitschaft der Besitzenden sei für die Niederlage verantwortlich. Zu einer Aufführung des Stücks, an der Brecht nicht sehr gelegen war, kam es erst nach dessen Tod im Jahr 1957 in Frankfurt am Main.

Noch 1943 bemüht sich Brecht, die Zusammenarbeit mit dem in New York lebenden Kurt Weill wiederzubeleben. So kommt es zu der Vereinbarung, für den Broadway eine Oper nach Jaroslav Hašeks Roman «Schwejk» zu schreiben. Nach erneuter Lektüre des Romans ist für Brecht klar: *Auf keinen Fall darf Schweyk ein listiger, hinterfotziger Saboteur werden. Er ist lediglich der Opportunist der winzigen Opportunitäten, die ihm geblieben sind.*[438] Brecht stellt in wenigen Monaten eine Fassung her, die Weill jedoch für Broadway-untauglich hält. Für die Weiterführung des Projekts kann Brecht statt Weill Hanns Eisler gewinnen. Brecht versetzt die Figur des Schweyk aus der Zeit des Ersten Weltkriegs in die des Zweiten und macht sie gegenüber der Romanfigur ambivalenter und grimmiger. Schweyk wird zum renitenten Kleinbürger, der der schweigenden Mehrheit eine politisch-freche Stimme gibt. So parodiert er in der Musterungsszene das Horst-Wessel-Lied und ist deutschen Deserteuren beim Überlaufen behilflich. Das Vorspiel gibt dem Stück den Charakter einer Untersuchung, die ein Meinungsbild des Volks über sein Verhältnis zum Führer erheben will. So fragt Hitler: *Wie mein lieber Chef der Polizei und SS / Steht eigentlich der kleine Mann zu mir / Ich meine nicht nur, der hier / Sondern auch der in Österreich und der Tschechei.*[439] Die Antwort des Stücks fällt im Sinn der Nazis ungünstig aus, nur Terror hindert das Volk daran, seine wahre Haltung zu zeigen. Am Ende verkehren sich gar die Machtverhältnisse, und Schweyk wird zum Richter über den Diktator, Hitlers Niedergang scheint nur eine Frage der Zeit: *Ich sags dir ganz offen, daß ich nur noch nicht weiß / Ob ich auf dich jetzt schieß oder fort auf dich scheiß.*[440] Einer hierarchischen Struktur folgend siedelt Brecht die Herrschenden in einer höheren Rahmenhandlung und das Volk in einer unteren Binnenhandlung an. Für die rhetorischen Ideale der Eroberer ist man unten unempfänglich, deren Kriegsziele erscheinen als rätselhafte Kopfgeburt, als *was Unbegreifliches, was sich ein Schenie so ausdenkt, wenn's nix zu tun hat*[441]. Daraus allerdings erwächst die durch Schweyk verkörperte Bedrohung, über

125

den Brecht bereits 1937 schreibt, er sei *der Angsttraum der Diktatoren, dieser «niedrig» denkende, für Höheres taube, die wundervollen Pläne durch seine Unzulänglichkeit unterwühlende «Dutzendmensch», das fehlerhafte Opfertier*[442]. Gegen die faschistischen Welteroberungsideale stellt Brecht das Wirtshaus «Zum Kelch», das Zentrum des Stücks, das den plebejischen Idealen des guten Essens, des genüsslichen Wohlseins ein unheroisches Denkmal setzt.

Auf Anregung der Wiener Schauspielerin Luise Rainer beginnt Brecht 1944 mit der Arbeit an *Der kaukasische Kreidekreis*, ein Stück, das vertraglich zwar für den Broadway vorgesehen war, sich aber für diesen Zweck schnell als ungeeignet herausstellt. Ausgehend von einem chinesischen Singspiel, in dem sich Hauptfrau und Nebenfrau des reichen Herrn Ma um die Mutterschaft an einem Knaben streiten und in dem die wahre Mutter durch eine Kreidestrich-Prüfung ermittelt werden soll, entwickelt Brecht zwei Hauptfiguren, deren Geschichten eine relative Eigenständigkeit beanspruchen. Die Magd Grusche, die das Kind der Gouverneurin rettet, ist, *wie die tolle Grete beim Breughel, ein Tragtier. Sie sollte störrisch sein statt aufsässig, willig statt gut, ausdauernd statt unbestechlich.*[443] Grusche ist keinesfalls das geborene Muttertier, das instinktiv nach dem hilflosen Säugling greift, sie muss erst zu mütterlicher Güte verführt werden: *Zu lange saß sie / Zu lange sah sie / Das stille Atmen, die kleinen Fäuste / Bis die Verführung zu stark wurde gegen Morgen zu / Und sie aufstand, sich bückte und seufzend das Kind nahm / Und es wegtrug.*[444] Möglicherweise ist Ruth Berlau, zu diesem Zeitpunkt von Brecht schwanger, die eigentliche Adressatin dieser Grusche. Der heruntergekommene Dorfrichter Azdak, der am Ende den Streit über das Kind zu entscheiden hat, ist ein Anwalt der kleinen Leute, anarchisch und unangepasst, ein unheldischer Sympathisant der Revolution, der das Chaos der politischen Übergangszeit, in der die Handlung angesiedelt ist, nutzt, um in eigenwilliger Weise Recht zu sprechen. Nach seinem weisen Urteil macht er sich auf und davon, hat aber im Bewusstsein des Volkes Maßstäbe gesetzt. *Und nach diesem Abend verschwand der / Azdak und ward nicht mehr gesehen. / Aber das Volk Grusiniens vergaß ihn nicht / Und gedachte noch / Lange seiner Richterzeit als einer kurzen / Goldenen Zeit beinah der Gerechtigkeit.*[445]

«Der kaukasische Kreidekreis». Aufführung des Berliner Ensembles mit (v. r.) Ernst Busch als Azdak, Angelika Hurwicz, Ulrich Spalinger und Helene Weigel

Im *Kreidekreis* trifft ein hohes Maß an sprachlicher Poesie auf ein ausgereiftes episches Theaterkonzept. Im Vordergrund agiert die Figur eines Sängers in der Funktion des Erzählers, der allwissend über Raum und Zeit verfügt und zugleich in der Rolle des Spielleiters die Figuren leitet.

Rückkehr nach Europa

Am 8. Mai 1945 notiert Brecht: *Nazideutschland kapituliert bedingungslos. Früh sechs Uhr im Radio hält der Präsident eine Ansprache. Zuhörend machte ich den blühenden kalifornischen Garten.*[446] Mit dem Ende des Zweiten Weltkriegs begann in Amerika die Zeit der hysterisch anmutenden antikommunistischen Hexenjagd. In der zweiten Hälfte des Jahres 1947 kündigte der Ausschuss zur Untersuchung «unamerikanischer Umtriebe», der die amerikanischen

Anti-Hitler-Filme unter kommunistischem Generalverdacht stellte, an, den Grad der politischen Unterwanderung der amerikanischen Filmindustrie zu überprüfen. In einer Serie von Verhören hatten Filmkünstler ihre Gesinnung offen zu legen und die Frage nach ihrer Zugehörigkeit zur Kommunistischen Partei zu beantworten. Am 30. Oktober 1947 wird Brecht, der in Hollywoods Filmindustrie stets erfolglos geblieben war, vor den Ausschuss geladen. Der Stückeschreiber, der mit Heldentum nicht gesegnet ist, übersteht das Verhör mit einer Mischung von List und Ängstlichkeit. Während linke Künstler sich darauf geeinigt hatten, die Frage nach der Zugehörigkeit zur Kommunistischen Partei mit Hinweis auf die Verfassungswidrigkeit dieser Frage nicht zu beantworten, entscheidet sich Brecht, aus Furcht vor strafrechtlichen Sanktionen, zu Wohlverhalten gegenüber dem Ausschuss, indem er die umstrittene Frage wahrheitsgemäß mit «Nein» beantwortet. Auf Fragen nach der politischen Dimension seiner Stücke, etwa der *Maßnahme*, reagiert er mit gespieltem Erstaunen sowie äußerst vagen Antworten, auch mit penetrantem Verweis auf inadäquate Übersetzungen. Während unter den Emigranten Kritik an Brechts unheroischem Auftritt laut wird, ist er selbst zufrieden: *Das Verhör ist unverhältnismäßig höflich und endet ohne Anklage. Es kommt mir zugute, daß ich mit Hollywood beinahe nichts zu tun hatte, in amerikanische Politik nie eingriff.*[447]

Mit Amerika hat er nunmehr abgeschlossen. Bereits am Tag nach der Anhörung besteigt Brecht das Flugzeug nach Paris. Die Familie folgt ihm auf dem Seeweg.

Mit Vorsicht nähert sich Brecht seinem Ziel Berlin. Von Anna Seghers, die er in Paris trifft, erfährt er von der sich abzeichnenden politischen Spaltung Deutschlands sowie von Besorgnis erregenden Intrigen im Osten. Zunächst beobachtet er das deutsche Geschehen von Zürich aus. Auf das dortige Schauspielhaus, das drei seiner Exildramen uraufgeführt hatte, setzt er berechtigte Hoffnungen auf eine weitere Zusammenarbeit; auch bemüht er sich, hier ein Engagement für Helene Weigel zu finden. Noch der 49-jährige Brecht hält sein Privatleben offen: Während er für seine Familie eine Unterkunft in Zürich sucht, spielt er parallel mit dem Gedanken, sich mit den Honoraren aus einem amerikanischen *Galilei*-Erfolg zusammen mit Ruth Berlau in Italien niederzulassen. In

Brecht vor dem Ausschuss zur Untersuchung «unamerikanischer Umtriebe», 30. Oktober 1947

Zürich trifft Brecht seinen Jugendfreund Caspar Neher wieder, der für sich einen veränderten Brecht registriert: «Er war dicker geworden, männlicher, zurückhaltender und seine Zartheit war mehr nach außen gekehrt als früher. Seine Fassade der Härte war vollkommen von ihm abgefallen. Seine angeborene Güte kam zum Vorschein.»[448] Es entwickelt sich ein freundschaftliches Verhältnis zu dem Dramatiker Max Frisch. Beide Männer führen eine Diskussionsbeziehung, über die Frisch bemerkt, er fühle sich, solange Brecht argumentiere, geschlagen, «aber nicht überzeugt». Bereits auf dem Heimweg verliere er sich in dem unwilligen Monolog: «Das stimmt ja alles nicht.»[449] Während sich Zürich den Inszenierungsvorschlägen Brechts verschließt, bietet das Churer Stadttheater ihm die Möglichkeit, die «Antigone» des Sophokles nach einer eigenen Bearbeitung aufzuführen. Ruth Berlau begleitet die Proben mit der Kamera. Seit der dänischen *Mutter*-Inszenierung stellt sie fotografische Dokumentationen der Brecht-Inszenierungen her, mit dem Ziel, sie als Modelle für zukünftige Aufführungen, zwar nicht im Sinn der Kopie, sondern eher des

Brecht und Max Frisch in Zürich, Frühjahr 1949, auf der Baustelle des von Frisch entworfenen Schwimmbads Letzigraben

Anknüpfens und Weiterentwickelns, zu verwerten. Mit *Puntila*, Brechts nächster Inszenierung, nun am Zürcher Schauspielhaus, für die aus arbeitsrechtlichen Gründen Kurt Hirschfeld als Regisseur genannt wird, erlebt Brecht wieder ungeteilten Erfolg bei Publikum und Kritik. Doch in Zürich muss Brecht auch erleben, wie der Theaterstil der Nazi-Ära, den manche Schauspieler im Gepäck haben, die Zeit unbeschadet überstanden hat: *Schon bevor ich die Trümmer der Theaterhäuser sehe, bekomme ich die der Schauspielkunst zu sehen.*[450] Überliefert sind Brechts Wutausbrüche über das ahnungslose Weitermachen im Reich der Kunstseligkeit. In diesem Sinn klagt auch Fritz Kortner: «Ein kaltes Pathos wird hörbar, das erfroren klingt, eine falsche Sachlichkeit, die vom Redestil der Nazizeit übrig geblieben ist.»[451] Solche Erlebnisse lassen Brecht ahnen, dass für den Aufbau eines in seinem Sinn neuen Theaters in

Deutschland erhebliche Anstrengungen notwendig sein werden. Er ist überzeugt, ganz von vorne anfangen zu müssen. Bereits 1947 in Paris wird er mit der Tatsache konfrontiert, dass der Name Brecht keine Rolle mehr spielt; das Theater von Jean Anouilh, Jean-Paul Sartre und Albert Camus beherrscht nun die Diskussionen.

Als Brecht am 22. Oktober 1948 in Ostberlin eintrifft, wird er als prominenter Künstler empfangen. Bereits an der Grenze erwartete ihn eine Abordnung der SED, in Ostberlin wird er von Fotografen und Radiojournalisten umringt. Auf den folgenden offiziellen Empfängen hält sich Brecht mit seinen Äußerungen demonstrativ zurück: *Ich selber spreche nicht, entschlossen, mich zu orientieren und nicht aufzutreten.*[452] Er wohnt in einem von den Bombardements verschonten Seitenflügel des Hotels Adlon und notiert: *Berlin, der Schutthaufen bei Potsdam.*[453] Voller Entsetzen vermerkt er nach seinem ersten Theaterbesuch im Deutschen Theater, man spielte «Haben» von Julius Hay: *Miserable Aufführung, hysterisch, verkrampft, völlig unrealistisch.*[454] Ein eigenes Theater, auf das Brecht schon in den Jahren des Exils gehofft hatte, ist zunächst nicht in Aussicht. Am 11. Januar 1949 hat am Deutschen Theater unter Brechts Regie die *Courage* Premiere, mit überwältigendem Erfolg. Die Weigel als Mutter Courage mit dem Wagen wird später zum Sinnbild des Berliner Ensembles. Allerdings machen den Stückeschreiber sein als intellektuell bezeichnetes Theaterkonzept sowie seine Zweifel an der sowjetischen Realismus-Doktrin in den Augen der politisch Verantwortlichen suspekt, man wittert gar «volksfremde Dekadenz»[455]. Demgegenüber klagt Brecht mit Blick auf Partei und Regierung über *den stinkenden Atem der Provinz hier*[456]. In Aussicht gestellt wird ihm schließlich eine eigene Theatertruppe, die zunächst im Deutschen Theater beheimatet und deren Leiterin Helene Weigel sein wird: das Berliner Ensemble. So

Helene Weigel, geboren 1900 in Wien, erhielt dort ihre Schauspielausbildung, ging 1918 nach Frankfurt/Main und anschließend nach Berlin, wo sie bei Max Reinhardt am Deutschen Theater spielte. 1923 begegnete sie Brecht, den sie 1928 heiratete. Große Frauenrollen spielte sie bis 1933 in der «Mutter» und der «Heiligen Johanna der Schlachthöfe». Nach dem Krieg leitete sie ab 1949 das «Berliner Ensemble». Ihren größten Erfolg erntete sie als «Mutter Courage». Sie starb 1971 in Berlin.

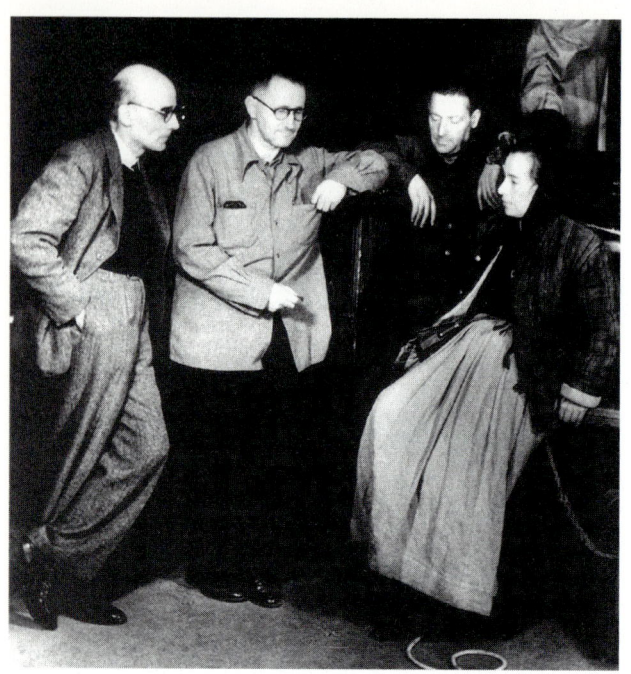

Bei der Arbeit an «Mutter Courage»: Erich Engel, Brecht, Paul Dessau und Helene Weigel

selbstverständlich sich Brecht in Ostberlin ansiedeln und am Aufbau des Sozialismus teilhaben will, so bewusst ist ihm, dass er sich in einen verordneten Sozialismus einzufügen hat, in dem eine Besatzungsmacht befiehlt, die als Unterdrücker empfunden wird. Mit der daraus erwachsenden Zensur gerät Brecht gleich zu Beginn aneinander. Das Projekt eines für den Aufbau-Verlag geplanten Gedichtbandes wird eingestellt, weil die Gedichte als formalistisch kritisiert werden. Sein der FDJ gewidmetes *Aufbaulied* gerät in die Schusslinie der Partei, die Zeile *Denn kein Führer führt uns aus dem Salat* [457] gilt als anstößig angesichts der Parteiüberzeugung, dass die neue Gesellschaft eine autoritäre Führung dringend nötig habe. Solche Erfahrungen halten den von der amerikanischen Lebensweise traumatisierten Kapitalismuskritiker Brecht allerdings nicht davon ab, weiter an seinen Hoffnungen auf das sozialistische Experiment festzuhalten, zumal die Mehrzahl der emigrierten Künstler sich nach ihrer Rückkehr für die Sowjetische Besatzungszone als Aufenthalt entscheidet. Allerdings hofft Brecht, wenn auch im Osten ansässig, in ganz Deutschland wirken zu können: Er widersetzt sich der Vorstellung, die Literatur könnte sich hinter die Elbe zurückziehen und lediglich eine russisch beherrschte Musterprovinz aufbauen helfen. Um außerhalb der SBZ agieren und zugleich seine Selbständigkeit gegenüber der SED bewahren zu können, benötigt der noch staatenlose Brecht einen nichtdeutschen Pass. Als der Komponist Gottfried von Einem, der dem Direktorium der Salzburger Festspiele angehört, sich von Brecht ein Festspiel erbittet, das den «Jedermann» ablösen soll, schlägt der Stückeschreiber ihm einen Handel vor. Als Gegenleistung für den *Salzburger Totentanz*, so der Titel des Stücks, wünscht Brecht, dass ihm der Weg zur österreichischen Staatsbürgerschaft geebnet wird. Ein solcher Pass wäre für ihn *von enormer Wichtigkeit. Ich kann mich ja nicht in irgendeinen Teil Deutschlands setzen und damit für den anderen tot sein.*[458] Am 14. September 1950 wird Brecht österreichischer Staatsbürger. Die Presse bauscht das Ereignis im Jahr darauf zu einem Skandal auf, ein «ostzonaler Hausdichter»[459] sei einer der ihren geworden, «und den lassen wir herein?»[460]. Wenig später muss von Einem sein Amt aufgeben.

> Wenn der Eiserne [gemeint Stalin]
> sie prügelt
> Singen die Musen lauter.
> Aus gebläuten Augen
> Himmeln sie ihn hündisch an.
> Der Hintern zuckt vor Schmerz
> Die Scham vor Begierde.
>
> **Aus: Die Musen**

Das Berliner Ensemble

Brechts künstlerischer Neubeginn in der DDR geht einher mit einem erheblichen Verlust von Illusionen. Das Berliner Ensemble muss er sich hart erhandeln, die offizielle Kulturpolitik hält die traditionelle Dramaturgie weiterhin dem Brecht'schen Theater für überlegen: Er muss erleben, wie er von den Parteiverantwortlichen als ein sich selbst überschätzender, stellungssuchender Künstler abgewiesen wird. Trotz der deutschen Spaltung, die im

Jahr 1949 durch die Gründung der Bundesrepublik und, als Reaktion darauf, die Gründung der DDR zementiert wurde, verbindet Brecht mit dem Berliner Ensemble die Vision, Künstler aus dem gesamten deutschsprachigen Raum einschließlich der Schweiz und Österreich zusammenbringen zu können. Der DDR-Regierung gegenüber verhält sich Brecht, der politisch durch Proteste gegen die bundesdeutsche Wiederbewaffnung und die Einbindung in die Europäische Verteidigungsgemeinschaft hervortritt, durchgängig loyal, auch wenn ihn die kleinbürgerliche Gesinnung der Minister und Funktionäre, vor allem des Parteivorsitzenden Walter Ulbricht, abstößt. Seine Stücke werden von den Zensoren buchhalterisch begutachtet, ihre klassenkämpferische Qualität wird bisweilen als unzureichend bemängelt. So wünscht sich Brecht als Eröffnungspremiere des Berliner Ensembles am 12. November 1949 statt des *Puntila* die Uraufführung seines Stücks *Die Tage der Kommune.* Doch in diesem Revolutionsdrama fehlt die führende Rolle der Partei, zudem strahlt der gescheiterte Aufstand nicht den von den Funktionären erwarteten historischen Optimismus aus. So wird ein Stück fallen gelassen, das im Rückgriff auf Nordahl Griegs Drama «Die Niederlage» die Bedingungen der Revolution reflektiert. Die Überzeugung der Kommunarden, die neue Gesellschaft auf demokratischem Wege erreichen zu können, denunziert Brecht darin als Illusion. *Aber in diesem Kampf gibt es nur blutbefleckte Hände oder abgehauene Hände.*[461] Die historische Thematik des Stücks wird nicht, wie etwa im *Galilei,* für eine Gegenwartsthematik arrangiert, sondern die Geschichte selbst ist Thema, Brecht nennt es *ein Stück durchleuchteter Geschichte*[462].

In seinen ersten drei Jahren erlebt das Berliner Ensemble spektakuläre Publikumserfolge und offizielle Akzeptanz. Auf dem Programm stehen *Courage, Die Mutter, Puntila* sowie Bearbeitungen wie die des «Hofmeisters» von Lenz. Mit pädagogischem Impetus gibt Brecht mit diesem Stück dem Emanzipationsprogramm des Sozialismus eine Richtung vor: *Schüler und Lehrer einer neuen Zeit / Betrachtet seine Knechtseligkeit / Damit ihr euch davon befreit!*[463]

Doch Anfang der fünfziger Jahre führen stalinistische Säuberungskampagnen sowie volkswirtschaftliche Rückschläge zu einem immer repressiver werdenden Klima. Brechts zusammen mit Paul Dessau geschriebene Oper *Die Verurteilung des Lukullus* wird massiv vom Ministerium für Volksbildung kritisiert, zugelassen wird zunächst nur eine Aufführung vor ausgesuchtem Publikum. Im Zentrum der Vorwürfe steht der Pazifismus des Stücks, der letztlich die Existenz der kommunistischen Streitkräfte infrage stelle. Ohne die Parteierwartungen befriedigen zu können, bemüht sich Brecht in immer neuen Anläufen, sein Theater in den Dienst des sozialistischen Aufbaus zu stellen. Zu den Weltjugendfestspielen 1951 schreibt er die Kantate *Herrnburger Bericht*, die die Disziplinierung westdeutscher FDJ-Mitglieder anlässlich eines gesamtdeutschen Jugendtreffens thematisiert sowie die Einheit Deutschlands gegen den Westkurs Adenauers einfordert: *Schlagbaum und Schanzen / Hat denn das Zweck? / Seht doch wir tanzen / Drüber hinweg.*[464] Über das neue bundesdeutsche Machtzentrum mit seinen Galionsfiguren Konrad Adenauer und Kurt Schumacher heißt es: *Hoch zu Bonn am Rheine träumen zwei kleine / Böse alte Männer einen Traum von Blut und Stahl.*[465] Hier monierten die kommunistischen Funktionäre die Kälte und Künstlichkeit, sie vermissten sozialistische Herzensdichtung – und sagten die Uraufführung ab. Auch als sich der Pädagoge Brecht seiner Lehrstücke erinnert, denen er zutraut, Bewusstseinsprozesse anzustoßen, die der Sozialismus benötige, trifft er nicht den Ton der Mächtigen. Ob die Inszenierung von «Katzgraben», einer Komödie von Erwin Strittmatter, oder *Büsching*, einem Stoff über den Ofensetzer Hans Garbe, den ersten Aktivisten der DDR: Die operativen Formen der dreißiger Jahre laufen den Ansprüchen der offiziellen Propagandakultur zuwider.

Das Jahr 1953 hält zwei einschneidende politische Ereignisse bereit. Im März stirbt Josef Stalin, dem Brecht einen Nachruf widmet, der die Wirkung des Ablebens auf die Zeitgenossen beschreibt und so sein eigenes Verhältnis zum Diktator elegant unterschlägt: *Den Unterdrückten von fünf Erdteilen, denen, die sich schon befreit haben, und allen, die für den Weltfrieden kämpfen, muß der Herzschlag gestockt haben, als sie hörten, «Stalin ist tot».*[466] Mit dem historisierenden Blick auf Stalin ist Brecht bereits in der Vergangenheit einem moralischen Urteil ausgewichen.

In der Zeit der nach Stalins Tod einsetzenden Liberalisierung, die auch in der DDR zu spüren ist, bricht am 17. Juni der spontane Arbeiteraufstand aus, der, von westlicher Seite propagandistisch unterstützt, die Dimension eines Volksaufstands anzunehmen droht. Die Versorgungsmängel in der DDR sowie die Normerhöhung um durchschnittlich 10 Prozent hatten den heftigen Protest ausgelöst. Für die Motive des Protests zeigt Brecht, der die Verselbständigung der Parteifunktionäre gegenüber dem Volk mit Sorge beobachtet, Verständnis: *Jetzt / Herrschen sie und sprechen eine neue Mundart / Nur ihnen selbst verständlich, das Kauderwelsch / Welches mit drohender und belehrender Stimme gesprochen wird / [...].*[467] Die demonstrierenden Massen auf den Straßen flößen Brecht, der die Instrumentalisierung des Aufstands durch faschistische Kräfte nicht ausschließt, allerdings auch Angst ein: *Wenn das Kalb vernachlässigt ist / Drängt es zu jeder schmeichelnden Hand, auch / Der Hand des Metzgers.*[468] In einem Brief an Peter Suhrkamp verweist er auf die Beteiligung von deklassierten Jugendlichen und brutalen Gestalten der Nazi-Zeit, die ihm das Gefühl gäben, die alten Kräfte seien wieder am Werk. Empört zeigte sich Brecht zudem, dass Demonstranten Nazis befreit hätten, die in Gefängnissen wegen Verbrechen gegen die Menschlichkeit einsaßen.[469] Bei einer am Vormittag des 17. Juni abgehaltenen Betriebsversammlung des Berliner Ensembles fordert Brecht seine Mitarbeiter auf, die Argu-

17. Juni 1953: Sowjetische Panzer werden gegen protestierende Arbeiter eingesetzt

mente der Aufständischen zu beachten und sich für Agitations-programme des Rundfunks bereitzuhalten – ein Angebot, an dem die Sender kein Interesse zeigen. An die Staats- und Parteispitze schreibt Brecht: *Die große Aussprache mit den Massen über das Tempo des sozialistischen Aufbaus wird zu einer Sichtung und Sicherung der sozialistischen Errungenschaften führen. Es ist mir ein Bedürfnis, Ihnen in diesem Augenblick meine Verbundenheit mit der Sozialistischen Einheitspartei Deutschlands auszusprechen.*[470] Am 21. Juni wird die Parteizeitung «Neues Deutschland» nur den letzten Satz dieses Briefes zitieren und damit Brechts Verhältnis zum 17. Juni, auch für den Westen, auf eine Unterwerfungsgeste gegenüber dem Regime reduzieren. Brechts Forderung nach einer Auseinandersetzung mit den Arbeitern und ihrer legitimen Unzufriedenheit wird gezielt unterschlagen.

Letzte Werke

Die Ereignisse setzten dem Stückeschreiber zu, die Enttäuschungen hinterließen Spuren, er notiert: *Der 17. Juni hat die ganze Existenz verfremdet.*[471] Der Gedichtzyklus *Buckower Elegien,* der als Brechts Alterslyrik und zugleich als seine bedeutendste Gedichtsammlung gilt, widersetzt sich in seiner Betonung des elegischen Charakters gezielt dem offiziell verordneten Optimismus und muss als poetische Reaktion auf den politischen Schock verstanden werden. Unmittelbar mit dem Aufstand beschäftigt sich das Gedicht *Die Lösung,* das auf die Mahnung eines Kulturfunktionärs Bezug nimmt, die Arbeiter hätten das Vertrauen der Regierung verscherzt. *Wäre es da,* fragt Brecht, *nicht doch einfacher, die Regierung / Löste das Volk auf und / Wählte ein anderes?*[472] Die 23 in ihrer Form freirhythmischen, epigrammatischen Gedichte verweisen auf das herausragende Merkmal der Lyrik Brechts: äußerste Einfachheit, hinter der sich hohe Komplexität verbirgt. Den politischen Stillstand seines Landes beklagt Brecht in Form einer Hypothese: *Ginge da ein Wind / Könnte ich ein Segel stellen / Wäre da kein Segel / Machte ich eines aus Stecken und Plane.*[473] Nur unter diesen hypothetischen Bedingungen kann das Subjekt, noch zur Passivität verdammt, für den Sozialismus tätig werden. Die Gedichte thematisieren auch die durch den Aufstand ausgelöste Furcht, die verhassten bürgerlichen Verhältnisse könnten sich erneut etablieren: In *Heißer Tag* beobachtet das lyrische Ich einen Kahn, auf dem die überwunden geglaubte Hierarchie ungestört weiterlebt: *Im Heck / Eine dicke Nonne, dick gekleidet. Vor ihr / Ein ältlicher Mensch im Schwimmanzug, / Wahrscheinlich ein Priester. / An der Ruderbank, aus vollen Kräften rudernd / Ein Kind. Wie in alten Zeiten! Denke ich / Wie in alten Zeiten!*[474] In dem rätselhaft anmutenden Gedicht *Der Einarmige im Gehölz* ist die bereits gegenüber Peter Suhrkamp geäußerte Sorge erkennbar, die Nazi-Gefahr sei auch in der DDR noch nicht gebannt, die Vorbereitungen für eine reaktionäre Brandlegung könnten im volle Gange sein. Die harmlos erscheinende Anfangsbeobachtung *Schweißtriefend bückt er sich / Nach dem dürren Reisig*, so das Brennholz sammelnd, geht abrupt über in den Schock der politischen Erkenntnis: *Ächzend / Richtet er sich auf, streckt die Hand hoch, zu spüren / Ob es regnet. Die Hand hoch / Der gefürchtete SS-Mann.*[475]

Während die *Buckower Elegien* erst 1964 publiziert wurden, erscheint *Die Kriegsfibel* 1955 noch zu Brechts Lebzeiten. In dieser Gedichtsammlung verbinden sich durchweg gereimte Vierzeiler mit ihnen zugeordneten Fotografien. Erhellend ist die bizarre Gegensätzlichkeit der Zuordnung: der tote Soldat aus dem Afrikakorps auf der einen, der auf den Sieg trinkende Feldmarschall Rommel auf der anderen Seite. Die von Brecht als *Foto-Epigramme*[476] bezeichneten Bild-Text-Collagen handeln von den Kosten der Hitler'schen Welteroberung; das Montieren des Materials war für den Lyriker dabei auch ein ganz und gar handwerkliches Vergnügen.

Die Erfahrung des 17. Juni findet sich auch in einem Stück wieder, mit dem Brecht ein altes Projekt wieder aufgreift: *Turandot oder Der Kongreß der Weißwäscher*. Bereits in den Jahren von 1930 bis 1942 hatte er sich in einem Romanfragment, dem *Tui-Roman*, mit dem «Tuismus» beschäftigt, ein Terminus, der sich aus dem Kunstwort «Tui» ableitet. Tui ist bei Brecht ein Intellektueller, der seine geistige Aktivität der kapitalistischen Vermarktung unterwirft, sein Denken folglich zur Ware degradiert und seine Fragen und Ergebnisse an den Interessen des Auftraggebers orientiert: *Der TUI ist der Intellektuelle dieser Zeit der Märkte und der Waren. Der Vermieter des Intellekts.*[477] Auf satirischem Weg konterkariert Brecht die TUI-

Technik, um sie durchschaubar zu machen: *Die Speichelleckerei als Kunst betrieben, schafft originelle, tief empfundenen Formulierungen: sie gestaltet. Der vollendete Künstler ist plastisch, vielseitig, immer überraschend.*[478] In *Turandot* parallelisiert Brecht den aus dem Orient stammenden Stoff, in dessen Zentrum der Mythos Frau in Gestalt einer männerhassenden Kaisertochter steht, mit der Geschichte der Weimarer Republik und ihrem Übergang in den Nationalsozialismus. Das Ergebnis ist eine satirische Attacke auf die Rolle der Intellektuellen in der bürgerlichen Gesellschaft: So schicken SPD und KPD ihre Kopfmenschen in eine tuistische Debatte, die dem Aufstieg Hitlers den Weg ebnet. Stoff fand Brecht für sein Thema auf dem Pariser «Kongreß zur Verteidigung der Kultur» von 1935, aber auch in Hollywood in den Begegnungen mit Vertretern des Frankfurter Instituts für Sozialforschung, deren eitle Formulierkunst und Zungenfertigkeit Brechts Angriffslust stimulierte. Seine Figur Munka Du, ein ebenso kluger wie geckenhafter Tui, pflegt sich vor seinem Redeauftritt zu schminken und seine Sätze zu proben wie ein Sänger seine Arien. Die Aktualität des Stoffs im Jahre 1953 dokumentiert Brechts Beobachtung, dass der Tuismus im Sozialismus weiterlebt: *Auch Su, der Staat der Arbeiter und Bauern, geriet, einundeinhalb Jahrzehnte nach seiner Gründung, unter den Einfluß der Tuis*[479], ein Einfluss, dem Brecht in Form von Gängelungen durch tuistische Kulturfunktionäre ausgesetzt war.

Sein letztes Dramenprojekt, dem Brecht sich 1955 zuwendet, bleibt Fragment: *Leben des Einstein.* Es sollte die Tragik des großen Physikers darstellen, dessen berühmte Formel die Welt ein Stück weit erklärbar macht, zugleich aber Instrument ihrer möglichen Vernichtung wird.

Bis in das Jahr seines Todes hinein, über einen Zeitraum von drei Jahrzehnten, hat Brecht das Prosaprojekt *Geschichten vom Herrn Keuner* verfolgt. Die Titelfigur ist ein weithin anonymer Dialogisierender, der als Belehrender und Denkender Gestalt bekommt. Gattungsmäßig bewegen sich die Geschichten, in deren Herrn K. man das philosophische Alter Ego Brechts vermuten kann, zwischen Anekdote, Parabel und Aphorismus. Sprachkritisch angelegt laufen die Geschichten auf ein offenes Ende zu, das den Adressaten zur Reflexion anregen soll: *Ein Mann, den Herr K. lange nicht gesehen hatte, begrüßte ihn mit den Worten: «Sie haben sich gar nicht verändert».* «Oh!» *sagte Herr K. und erbleichte.*[480] Mit Witz und Doppelbödigkeit werden Denkrituale unterlaufen: *«Woran arbeiten Sie?» wurde Herr K. gefragt. Herr K. antwortete: «Ich habe viel Mühe, ich bereite meinen nächsten Irrtum vor.»*[481]

Im Frühjahr 1954 bezieht das Berliner Ensemble sein Stammhaus am Schiffbauerdamm. Nur noch zwei Jahre bleiben Brecht, um sich unter nunmehr räumlich wie finanziell idealen Bedingungen seinen Theaterprojekten zu widmen. Eröffnet wird das neue Haus mit Brechts Bearbeitung von Molières «Don Juan». Über acht Monate ziehen sich später, ganz nach Brechts Geschmack, die *Kreidekreis*-Proben hin. Brecht versteht sich immer mehr als ein Lehrer, der Schüler und Schülerinnen um sich schart. Diese hält er an, Stenographie zu lernen, um das Gesprochene als Teil der Regiearbeit zu protokollieren. Schnell mokiert er sich über die Faulheit seiner Mitarbeiter, wenn zu wenig mitgeschrieben wird.

Dem Dokumentieren der Proben, auch in Form von eingeklebten Fotografien und Beschriftungen, misst er inzwischen höchste Bedeutung zu. Brecht will nicht nur mit seinem geschriebenen Werk, sondern auch mit dem aufgeführten, in seiner Regietätigkeit, überliefert werden. Die Lehrerattitüde bekommt bisweilen pedantische Züge. So verfügte er in einem Aushang: *Ich bitte alle Regie-Assistenten, jeden Tag um 10 Uhr spätestens im Büro vorzusprechen und sich Notizen zu machen über die Tätigkeit jeden Tages. Die Notizen sind am Samstag jeder Woche bei Frl. Rülicke abzugeben. Brecht.*[482] 1953 verlässt Brecht eine bis dahin bewohnte Villa in Weißensee, nachdem Helene Weigel eine eigene Wohnung in der Reinhardstraße bezogen hat. In der Chausseestraße, in Fußnähe zum Theater am Schiffbauerdamm, zieht das Ehepaar erneut zusammen, nun allerdings in zwei separaten, übereinander liegenden Wohnungen.

In seinen letzten Lebensjahren wächst die Anerkennung und Achtung, die man Brecht und seinem Werk entgegenbringt. Ende 1954 wird er mit dem Internationalen Stalin-Friedenspreis ausgezeichnet. Bereits 1951 hatte Brecht den DDR-Nationalpreis I. Klasse empfangen, nachdem er es zwei Jahre zuvor abgelehnt hatte, mit dem ihm zugedachten Nationalpreis II. Klasse abgespeist zu werden, den er als rufschädigend empfand: *Derlei Dinge muß man*

Brecht und Paul
Dessau, 1955

*ganz unpersönlich betrachten und scharf auf Nutzen und Schaden ach-
ten.*[483] Die DDR-Zeit Brechts ist geprägt von Regietätigkeit, Werk-
bearbeitungen sowie kulturpolitischen Engagements. Demgegenüber tritt das Schreiben zurück. Vielleicht aus dem Gefühl von
Zeitverschleiß und mangelnder Produktivität erwarb er 1953 ein
Haus im märkischen Buckow, *einem missgünstigen Kleinbürgernest,*
allerdings *auf schönem Grundstück am Wasser des Schermützelsees unter alten Bäumen*[484]. Seine Zuversicht, der Sozialismus könnte nach
den Lehren des 17. Juni die stalinistischen Verkrustungen überwinden, wird enttäuscht. Über Kulturpolitiker schreibt er sarkas-
tisch: *Trotz eifrigen Nachdenkens / Konnten sie sich nicht bestimmter
Fehler erinnern, / Jedoch / Bestanden sie heftig darauf / Fehler gemacht zu
haben – wie es der Brauch ist.*[485] Seine großen Hoffnungen setzt
Brecht inzwischen auf einen fernen Revolutionär, dem er das in
der DDR vermisste dialektische Denken zutraut: Mao Tse-tung.

Brecht erwägt gar die Möglichkeit eines chinesischen Exils, die chinesische Revolution feiert er in Form einer Ode: *Mein Rechnen mit einer Renaissance der Künste, ausgelöst von der Erhebung des fernen Ostens, scheint sich früher zu lohnen, als man hätte denken sollen.*[486]

Im Mai 1956 leidet Brecht an den Folgen einer Virusgrippe. Auch nach einem Aufenthalt in der Charité halten die Erschöpfungszustände an, sie machen ihn arbeitsunfähig. *[…] heut ist einer der schwarzen Samstage und ich schleppe die 2 Millionen toter Kolibakterien mit mir, als wiegten sie 2 Millionen Pfunde*[487], schreibt er an seine Mitarbeiterin Isot Kilian. Am 14. August diagnostizieren die Ärzte einen schweren Herzinfarkt. Am Abend desselben Tages wird er bewusstlos und stirbt kurz vor Mitternacht. Zuvor hatte er verfügt: *Im Falle meines Todes möchte ich nirgends aufgebahrt und öffentlich ausgestellt werden. Am Grab soll nicht gesprochen werden. Beerdigt werden möchte ich auf dem Friedhof neben dem Haus, in dem ich wohne, in der Chausseestraße.*[488] Er hatte sich ein Begräbnis im Zinksarg verordnet, um vor Würmern geschützt zu sein. Philosophisch hatte er dem Tod schon in einem früheren Gedicht die Stirn geboten: *Als ich in weißem Zimmer der Charité / Aufwachte gegen Morgen zu / Und die Amsel hörte, wußte ich / Es besser. Schon seit geraumer Zeit / Hatte ich keine Todesfurcht mehr. Da ja nichts / Mir fehlen kann, vorausgesetzt / Ich selber fehle. Jetzt / Gelang es mir, mich zu freuen / Alles Amselgesanges nach mir auch.*[489]

Brechthausse und Brechtbaisse

Die Entdeckung des Lyrikers Brecht wird immer wieder neu vermeldet, dabei ist der Rang seiner Dichtung seit Jahrzehnten unstrittig. Brechts anarchisches Frühwerk bietet dem Regietheater komplexe Vorlagen, sein dramatisches Spätwerk gehört weiterhin zu den Klassikern auf den Spielplänen der europäischen Bühnen. Und Brechts Tagebuch ist gleichermaßen anregende Lektüre wie kulturgeschichtliches Dokument des 20. Jahrhunderts. Auch das öffentliche Interesse an der Privatperson Brecht scheint, folgt man den Publikationen und Diskussionen anlässlich seines 100. Geburtstages, weiter anzusteigen.

Die viel beschworene Brecht-Müdigkeit nach dem Ende des Sozialismus hält sich also in Grenzen. Den Wechsel zwischen Brechthausse und Brechtbaisse empfand bekanntlich schon der vierundzwanzigjährige Brecht als selbstverständlich. Aus dem politisch etikettierten Brecht, dem Steigbügelhalter des Kommunismus, dem DDR-Nationaldichter, der Ikone der westdeutschen Linken, ist ein Dichter geworden, den man jenseits parteipolitischer Vorbehalte genießen darf. Brecht selbst war davon überzeugt, dass auch Dichter wie Gabriele d'Annunzio und Ezra Pound, die sich dem italienischen Faschismus verschrieben hatten, große Kunst hervorbrächten. So sollte Brechts Kommunismus nicht zum Rezeptionshindernis seines Werkes werden.

Allerdings hat der Lehrmeister Brecht ausgedient. Sein Zeigefinger, den er, geflüchtet vor den Nazis und fixiert auf eine utopische Gesellschaft, allzu gern erhob und mit dem er das Theater didaktisierte, ist obsolet. Er selbst musste in seinem *Kleinen Organon* eingestehen, dass das Theater doch eher eine Vergnügungsanstalt als ein Institut zur planmäßigen Bewusstseinserzeugung ist. Die Schulen und Universitäten haben dem Stückeschreiber keinen Gefallen getan, indem sie seine Theorie des epischen Theaters zur Voraussetzung der Lektüre machten und ganze Generationen die V-Effekte pauken ließen. Manch einem hat das Konvolut an Theorien und Anweisungen, das in der Theaterpraxis seit jeher nur flüchtig beachtet oder gar ignoriert wurde, die Lust auf Brecht'schen Text und Spiel ausgetrieben. Dabei ergeben Kraft und Originalität seiner Sprache, seine Freude am Denken, auch am Widerspruch, jenes unverwechselbare Vergnügen, das man mit dem Theater und den Texten Brechts erfährt.

bertolt brecht

ANMERKUNGEN

Die Werke, Schriften und Briefe Bertolt Brechts werden mit Bandnummer und Seitenzahl nach folgenden Ausgaben zitiert:
GBA: Werke. Große kommentierte Berliner und Frankfurter Ausgabe. Hg. von W. Hecht, J. Knopf, W. Mittenzwei, K. D. Müller, bearbeitet von G. Berg u. a. Berlin, Weimar, Frankfurt a. M. 1988–98
GW: Gesammelte Werke. Hg. vom Suhrkamp Verlag in Zusammenarbeit mit Elisabeth Hauptmann. Frankfurt a. M. 1967

1 Lotte Eisner, zitiert nach Frederic Ewen: Bertolt Brecht. Sein Leben, sein Werk, seine Zeit. Hamburg, Düsseldorf 1970, S. 82. Ewen zitiert: Lotte Eisner: Sur le procès l'opéra de quat'sous. In: Europe XXXV, 1957, S. 112
2 Marianne Zoff-Brecht-Lingen erzählt Willibald Eser über ihre Zeit mit Bertolt Brecht. In: Axel Poldner, Willibald Eser (Hg.): Paula Banholzer. So viel wie eine Liebe. Der unbekannte Brecht. Erinnerungen und Gespräche. München 1981, S. 157
3 GBA 28/58; Brief an Caspar Neher, Juni 1918
4 Lion Feuchtwanger: Bertolt Brecht. Dargestellt für Engländer. 1928. In: Erinnerungen an Brecht. Zusammengestellt von Hubert Witt. Leipzig 1964, S. 13 f.
5 GBA 26/159; 7. 9. 1920
6 GBA 26/108; 21. 10. 1916
7 GBA 28/178; Brief an Herbert Ihering, Oktober 1922
8 Zit. nach: Brecht. Sein Leben in Bildern und Texten. Hg. von Werner Hecht. Frankfurt a. M. 2000, S. 69, erschienen im «Uhu», 1927
9 Erwin Piscator: Das politische Theater. Hamburg 1979, S. 141
10 GBA 23/244
11 Gespräch mit Bert Brecht. Was arbeiten Sie? In: Die Literarische Welt, 30. 7. 1926, S. 2
12 GBA 13/134
13 GBA 27/355
14 Werner Frisch, K. F. Obermeier: Brecht in Augsburg. Erinnerungen, Dokumente, Texte, Fotos. Berlin, Weimar 1975, S. 20
15 GBA 13/111
16 GBA 26/107
17 Völker schreibt: «B.s berühmte Antwort erschien in der Zeitschrift ‹Die Dame›, Berlin, in der Beilage ‹Die losen Blätter› vom 1. 12. 1928.»
18 Wiedergegeben in: Frisch/Obermeier: Brecht in Augsburg, S. 258; abgedruckt in «Augsburger Neueste Nachrichten», 27. 1. 1915
19 GBA 26/9; Donnerstag, 15. 5. 1913
20 GBA 26/9; Freitag, 16. 5. 1913
21 GBA 26/9; Sonntag, 18. 5. 1913
22 GBA 28/188; Brief an Arnolt Bronnen, 12. 1. 1923
23 GBA 26/109; 22. 10. 1916
24 Hiltrud Häntzschel: Brechts Frauen. Reinbek bei Hamburg 2002, S. 270
25 Carl Pietzcker: «Ich kommandiere mein Herz.» Brechts Herzneurose – ein Schlüssel zu seinem Leben und Schreiben. Würzburg 1988
26 GBA 26/108; 21. 10. 1916
27 GBA 26/109; 22. 10. 1916
28 GBA 26/109; 22. 10. 1916
29 Carl Pietzcker: «Ich kommandiere mein Herz», S. 21
30 Julius Bab: Die Chronik des deutschen Dramas. Fünfter Teil: Deutschlands dramatische Produktion 1919–1926. Berlin 1926, S. 198 f.
31 GBA 27/200
32 GBA 27/200
33 Georg Eberle in: Frisch/Obermeier: Brecht in Augsburg, S. 29

34 Ulrich Schmid: Verwischte Spuren im Grieste-Wildwest. Berthold Eugen liest Karl May. In: Helmut Gier, Jürgen Hillesheim (Hg.): Der junge Brecht. Aspekte seines Denkens und Schaffens. Würzburg 1996, S. 31–43

35 GBA 28/15; Brief an Caspar Neher, 10. 11. 1914

36 GBA 21/13

37 GBA 21/33

38 Frisch/Obermeier: Brecht in Augsburg, S. 86

39 GBA 11/82 f.

40 GBA 28/39; Brief an Caspar Neher, 18. 12. 1917

41 GBA 28/43

42 GBA 28/30

43 Carl Pietzcker: «Ich kommandiere mein Herz», S. 46

44 GBA 11/120

45 GBA 28/52; Brief an Caspar Neher, 11. 5. 1918

46 GBA 28/40; Brief an Caspar Neher, 29. 12. 1917

47 GBA 28/58; Brief an Caspar Neher, Juni 1918

48 GBA 28/44

49 GBA 11/291; so der ursprüngliche Refrain des Liedes laut Hanns Otto Münsterer. In: Bert Brecht. Erinnerungen aus den Jahren 1917–22. Zürich 1963, S. 96

50 Max Hohenester, zit. bei Frisch/Obermeier: Brecht in Augsburg, S. 107

51 Carl Zuckmayer: Als wär's ein Stück von mir. Frankfurt a. M. 1966, S. 375

52 GBA 21/251

53 GBA 13/100

54 GBA 11/48 f.

55 GBA 26/163

56 GBA 26/163

57 GBA 11/22

58 GBA 11/21

59 GBA 26/167

60 GBA 26/229

61 GBA 21/65

62 Neue Augsburger Zeitung, 14. 1. 1921 (Leserzuschrift)

63 GBA 26/118

64 Lion Feuchtwanger: Bertolt Brecht, S. 11 f.

65 GBA 28/59; Brief an Caspar Neher, Juni 1918

66 GBA 1/33

67 GBA 28/57; Brief an Caspar Neher, 30. 5. 1918

68 GBA 1/54

69 *An die Nachgeborenen*, GBA 13/189

70 GBA 28/45; Brief an Caspar Neher, März 1918

71 GBA 21/35

72 GBA 23/241

73 Arnolt Bronnen: Tage mit Bertolt Brecht. Geschichte einer unvollendeten Freundschaft. Wien, München, Basel 1960, S. 98

74 Herbert Ihering: Der Dramatiker Bert Brecht. In: Konrad Feilchenfeldt (Hg.): Bertolt Brecht. Trommeln in der Nacht. München 1976, S. 131. Iherings Artikel wurde erstmals im «Berliner Börsen-Courier» am 5. Oktober 1922 abgedruckt.

75 GBA 24/20

76 GBA 1/229

77 GBA 24/20

78 GBA 1/228

79 GBA 26/151

80 GBA 1/220

81 GBA 1/183

82 GBA 1/176

83 GBA 24/17

84 GBA 21/101

85 GBA 26/468

86 GBA 28/99

87 GBA 26/259

88 Arnolt Bronnen: Tage mit Bertolt Brecht, S. 30

89 GBA 28/143; Brief an Bi (Paula Banholzer), Anfang Dezember 1921

90 Arnolt Bronnen: Tage mit Bertolt Brecht, S. 19

91 Ebenda, S. 53

92 GBA 28/112; Brief an Hanns Otto Münsterer, Sommer 1920

93 GBA 1/65

94 GBA 26/195

95 Arnolt Bronnen: Tage mit Bertolt Brecht, S. 141

96 GBA 28/192; Brief an Arnolt Bronnen, März 1923

97 Im Dickicht der Städte. Erstfassung und Materialien. Ediert und kommentiert von Gisela E. Bahr. Frankfurt a. M. 1968, S. 138

98 Ebenda

99 Ebenda, S. 20

100 GBA 24/29

101 Im Dickicht der Städte, S. 25

102 Ebenda, S. 100

103 GBA 1/491
104 GBA 26/271
105 GBA 26/282
106 Im Dickicht der Städte, S. 141
107 Zitiert nach Bruce Gaston: Brecht's Pastiche History Play: Renaissance Drama and Modernist Theatre in *Leben Eduards des Zweiten von England*. In: German Life and Letters, Vol. 56, Issue 4, S. 344, Oktober 2003
108 Bernhard Reich in: Reinhold Grimm (Hg.): Bertolt Brecht. Leben Eduards des Zweiten von England. Vorlage, Texte und Materialien. Frankfurt a. M. 1968, S. 255
109 GBA 26/121
110 Faksimile-Querschnitt durch den Querschnitt. Hg. von Wilmont Haacke und Alexander von Baeyer. München, Bern, Wien 1968, S. 11
111 GBA 21/120
112 GBA 21/223
113 Was arbeiten Sie? Gespräch mit Bert Brecht, S. 44
114 GBA 21/131
115 GBA 21/192
116 GBA 21/192
117 GBA 21/158
118 GBA 21/247
119 GBA 21/158
120 GBA 21/128
121 GBA 21/160
122 GBA 21/164
123 Thomas Mann: Gesammelte Werke in dreizehn Bänden. Bd. 13, Frankfurt a. M. 1974, S. 289

124 GBA 28/316; Brief an Alfred Döblin, Oktober 1928
125 Was arbeiten Sie? Gespräch mit Bert Brecht, S. 44
126 Kurt Tucholsky: Bertolt Brechts «Hauspostille». In: Kurt Tucholsky: Gesammelte Werke. Frankfurt a. M. 2005, Bd. 2, S. 1062–65, erstmals am 28. 2. 1928 in «Die Weltbühne» abgedruckt
127 GBA 11/42
128 GBA 11/43
129 GBA 11/109
130 GBA 11/109
131 GBA 11/30
132 GBA 11/116
133 GBA 11/116
134 GBA 11/120
135 GW 8/145
136 GBA 13/353
137 GBA 11/164
138 GBA 11/165
139 GBA 13/282
140 GBA 13/376
141 GBA 13/333
142 GBA 11/175
143 GBA 11/176
144 GBA 13/348
145 GBA 11/162
146 GBA 28/376; Brief an Helene Weigel, August 1927
147 GBA 11/124
148 GBA 13/228
149 GBA 13/228
150 GBA 13/341
151 GBA 13/233
152 GBA 13/264
153 GBA 11/14
154 GBA 11/14
155 GBA 11/13
156 GBA 13/302
157 GBA 13/302
158 GBA 11/126
159 GBA 14/15f.

160 GBA 15/223
161 GBA 2/156f.
162 GBA 24/42
163 GBA 24/42
164 GBA 24/41
165 GBA 21/274
166 GBA 2/203
167 GBA 2/202
168 Elisabeth Hauptmann: Notizen über Brechts Arbeit. 1926. In: Erinnerungen an Brecht. Zusammengestellt von Hubert Witt. Leipzig 1964, S. 52
169 Fritz Sternberg: Der Dichter und die Ratio. Erinnerungen an Bertolt Brecht. Göttingen 1963, S. 12
170 GW 16/598f.
171 Kurt Weill: Ausgewählte Schriften. Hg. von David Drew. Frankfurt a. M. 1975, S. 54
172 Ernst Josef Aufricht: Erzähle, damit du dein Recht erweist. Berlin 1966, S. 76
173 GBA 26/299
174 GBA 2/263
175 GBA 2/262
176 GBA 2/254
177 GBA 2/285
178 Harry Kahn bezeichnet die *Dreigroschenoper* so. Seine Kritik zur Oper erschien unter dem Titel «Traum und Erwachen» in «Die Weltbühne» vom 3. 4. 1930.
179 Ebenda
180 Neue Preußische Kreuz-Zeitung, 1. 9. 1928. In: Monika Wyss (Hg.): Brecht in der Kritik. München 1977, S. 80

181 GBA 26/299
182 GBA 2/285
183 GBA 21/315 f.
184 GBA 21/316
185 GBA 21/315
186 Karl Kraus: Kerrs Enthüllung. In: Widerschein der Fackel. München 1966, S. 155
187 GBA 28/320; Brecht an Elisabeth Hauptmann, etwa Mitte 1929
188 GBA 28/320; ebenda
189 Jan Knopf: Brecht-Handbuch. Theater, Stuttgart 1980, S. 82
190 Elisabeth Hauptmann: Interview zum Film «Die Mitarbeiterin» (Regie: Karlheinz Mund, Fernsehen der DDR 1972), Stiftung Archiv der Akademie der Künste Berlin, Elisabeth-Hauptmann-Archiv, Tonband-Transkription (ohne Signatur), Teil B, S. 59
191 Arnolt Bronnen: Arnolt Bronnen gibt zu Protokoll. Beiträge zur Geschichte des modernen Schriftstellers. Hamburg 1954, S. 109
192 GBA 26/444
193 GBA 2/520
194 GBA 2/375
195 GBA 2/528
196 GBA 2/381
197 GBA 2/373
198 Theodor W. Adorno in: Der Scheinwerfer, III, Essen, 13. April 1930; abgedruckt in: Monika Wyss: Brecht in der Kritik, S. 110 f.
199 Ernst Josef Aufricht: Erzähle, damit du dein Recht erweist, S. 126
200 GBA 26/302
201 GBA 14/37
202 GBA 29/300
203 GBA 28/177
204 Margarete Steffin: Konfutse versteht nichts von Frauen. Nachgelassene Texte. Hg. von Inge Gellert. Berlin 1991, S. 204
205 Brecht zu Robert Lund, in: Ruth Berlau: Brechts Lai-Tu. Erinnerungen und Notate von Ruth Berlau. Hg. von Hans Bunge. Darmstadt ²1985, S. 111
206 GBA 27/353
207 GBA 15/240
208 GBA 27/362
209 GBA 21/524
210 GBA 21/439
211 GBA 22/167
212 GBA 21/303
213 GBA 3/7
214 GBA 3/23
215 GBA 17/1024
216 GBA 24/101
217 GBA 3/50
218 GBA 3/48
219 GBA 3/50
220 GBA 3/51
221 Frank Warschauer in: Die Weltbühne, Nr. 28, 8. 7. 1930; zit. nach Monika Wyss: Brecht in der Kritik. München 1977, S. 126
222 Ebenda
223 Siegfried Günther: Neue pädagogische Musik. In: Die Musik 23, 1930/31, H. 7, S. 491
224 GBA 3/71
225 GBA 22/542
226 Bertolt Brecht: Die Maßnahme. Kritische Ausgabe mit einer Spielanleitung von Reiner Steinweg. Edition Suhrkamp, S. 25
227 GBA 21/552
228 GBA 21/553
229 GBA 21/466
230 GBA 21/464
231 Bertolt Brecht: Tonfilm Kuhle Wampe oder Wem gehört die Welt? Protokoll und Materialien. Hg. von Wolfgang Gersch, Werner Hecht. Leipzig 1971, S. 97
232 GBA 27/126
233 Gisela E. Bahr (Hg.): Bertolt Brecht. Die heilige Johanna der Schlachthöfe. Bühnenfassung, Fragmente, Varianten. Frankfurt a. M. 1971, S. 156
234 GBA 3/222
235 GBA 3/161
236 Brief an Gustaf Gründgens, 1. Januar 1949. In: GBA 29/487
237 Gustaf Gründgens: Briefe Aufsätze Reden. Hg. von Rolf Badenhausen, Peter Gründgens-Gorski. München 1967, S. 274
238 GBA 3/263
239 GBA 24/174
240 GBA 24/174
241 Walter Benjamin: Ein Familiendrama auf dem epischen Theater. In: Walter Benjamin: Versuche über Brecht. Hg. von Rolf Tiedemann. Frankfurt a. M. 1966 S. 23
242 GBA 24/110
243 Materialien zu Brechts Die Mutter. Zu-

sammengestellt von
Werner Hecht. Frank-
furt a. M. 1969, S. 58
244 Bertolt Brecht:
Über die Musik Hanns
Eislers. In: Materialien
zu Brechts *Die Mutter*,
S. 107
245 Monika Wyss:
Brecht in der Kritik,
S. 139
246 Günther Rühle:
Theater für die Repu-
blik. Frankfurt a. M.
1967, S. 1105
247 GBA 22/796
248 GBA 11/209
249 Claire Goll: Ich ver-
zeihe keinem. Eine li-
terarische Chronique
scandaleuse. Berlin
1980, S. 204
250 In: Archiv des
Internationalen Insti-
tuts für Sozialge-
schichte. Zitiert nach:
Babette Gross: Willi
Münzenberg. Eine
politische Biogra-
phie. Stuttgart 1967,
S. 254
251 GBA 12/82
252 GBA 12/83
253 GBA 14/353
254 Karl Korsch an Paul
Mattick, 5. Juli 1938.
In: Karl Korsch: Stel-
lung zu Russland und
zur KP (nur als Beilage
zu Privatbriefen an
Freunde, bitte nicht
vervielfältigen); Jahr-
buch Arbeiterbewe-
gung, Bd. 2, S. 178
255 GBA 12/45
256 GBA 22/146
257 GBA 22/145
258 GBA 28/510; Brief
an George Grosz, etwa
Juli 1935
259 Fritz Kortner: Aller

Tage Abend. München
1969, S. 278
260 GBA 28/466; Brief
an Margot von Bren-
tano, Dezember 1934
261 GBA 28/523; Brief
an Victor Jerry Jerome,
Anfang September
1935
262 Ebenda
263 GBA 28/529; Brief
an Helene Weigel, No-
vember 1935
264 GBA 29/81; Brief
an Martin Andersen-
Nexö, 25. März 1938
265 GBA 29/92; Brief
an Karl Korsch, April
1938
266 Jan Knopf: Brecht-
Handbuch. Lyrik, Pro-
sa, Schriften. Stuttgart
1986, S. 371
267 GBA 4/150
268 GBA 4/221
269 GBA 28/569
270 GBA 4/279
271 GBA 4/306
272 GBA 4/306
273 GBA 4/326
274 GBA 4/334
275 GBA 4/336
276 GBA 22/325
277 GBA 29/60; Brief
an Helene Weigel,
Anfang November
1937
278 GBA 29/57
279 GBA 4/384
280 GBA 4/426
281 GBA 29/84f.
282 GBA 11/219
283 GBA 11/253
284 GBA 11/254
285 GBA 14/388
286 GBA 14/432
287 GBA 12/85
288 GBA 12/12
289 GBA 12/11
290 GBA 12/29
291 GBA 12/63

292 GBA 12/96
293 GBA 12/97
294 GBA 12/16
295 Karl Radek: Die
moderne Weltliteratur
und die Aufgaben der
proletarischen Kunst.
In: Hans Jürgen
Schmitt, Godehard
Schram (Hg.): Sozialis-
tische Realismuskon-
zeptionen. Dokumen-
te zum I. Allunions-
kongreß der Sowjet-
schriftsteller. Frank-
furt a. M. 1974, S. 204 f.
296 GBA 29/109
297 GBA 26/316
298 GBA 26/313
299 GBA 21/524
300 GBA 22/418
301 GBA 22/419
302 GBA 22/630
303 Gershom Sholem:
Walter Benjamin. Ge-
schichte einer Freund-
schaft. Frankfurt a. M.
1975, S. 218
304 GBA 22/540
305 GBA 22/546
306 GBA 22/540
307 GBA 26/437
308 GBA 22/110
309 GBA 22/390
310 GBA 29/137
311 GBA 26/332
312 GBA 26/344
313 GBA 26/346
314 GBA 26/340f.
315 GBA 26/372
316 GBA 15/44
317 GBA 22/365
318 GBA 28/406;
Brecht an Karl Korsch,
Januar 1934
319 GBA 28/405;
Brecht an Karl Korsch,
Januar 1934
320 Walter Benjamin:
Versuche über Brecht.
Hg. von Rolf Tiede-

mann. Frankfurt a. M.
1966, S. 131 f.
321 Ebenda, S. 135.
322 GBA 27/158
323 Brecht, Stalin-Mappe; BBA, Mappe 95, Blatt 05
324 GBA 15/301
325 GBA 18/108
326 GBA 18/169
327 GBA 29/184
328 GBA 18/303
329 GBA 27/210
330 GBA 26/326
331 GBA 24/237 f.
332 GBA 5/213
333 GBA 5/31
334 GBA 5/70
335 GBA 5/269
336 GBA 24/241
337 GBA 27/232
338 GBA 24/240
339 GBA 24/240
340 GBA 5/284
341 GBA 27/234
342 GBA 6/66
343 Vollständiger Titel: Trutz Simplex: Oder Ausführliche und wunderseltzame Lebensbeschreibung Der Ertzbetrügerin und Landstörtzerin Courasche
344 GBA 27/345
345 GBA 6/54
346 GBA 6/48
347 GBA 24/264
348 GBA 24/264
349 GBA 6/74
350 GBA 6/58
351 GBA 24/273
352 GBA 26/332
353 GBA 26/338
354 GBA 26/395
355 GBA 6/179
356 GBA 6/180
357 GBA 6/242
358 GBA 6/185
359 GBA 6/266
360 GBA 6/273
361 GBA 6/275
362 GBA 6/275
363 GBA 6/276
364 GBA 6/277
365 GBA 6/278
366 GBA 6/278
367 GBA 6/279
368 GBA 26/428
369 Brecht-Handbuch. Hg. von Jan Knopf. Bd. 1. Stuttgart 2001, S. 448
370 GBA 6/322
371 GBA 6/289
372 GBA 6/289
373 Werner Mittenzwei: Das Leben des Bertolt Brecht oder Der Umgang mit den Welträtseln. Frankfurt a. M. 1987, Bd. 1, S. 718
374 GBA 26/424
375 GBA 6/329
376 GBA 6/292
377 GBA 6/285
378 GBA 6/285
379 So der Titel von Wuolijokis Erzählung
380 GBA 26/468
381 GBA 7/11
382 GBA 26/469
383 GBA 26/469
384 Hanns Eisler: Fragen Sie mehr über Brecht. Gespräche mit Hans Bunge. Darmstadt 1986, S. 10
385 GBA 26/443
386 GW 4/1836
387 GBA 7/52
388 GBA 7/33
389 GBA 7/49
390 GBA 7/49
391 GBA 7/50
392 GW 17/1176
393 GBA 24/317
394 GBA 24/316
395 GBA 26/477
396 GBA 7/8
397 Hanns Eisler: Fragen Sie mehr über Brecht, S. 131
398 GBA 27/115
399 GBA 27/10
400 GBA 27/10
401 GBA 27/13
402 GBA 27/50
403 GBA 27/13
404 GBA 27/85
405 GBA 27/50 f.
406 GBA 27/56
407 GBA 27/48
408 GBA 12/116
409 GBA 12/115
410 GBA 27/119
411 GBA 27/208
412 GBA 27/117
413 GBA 27/117
414 GBA 27/207
415 GBA 27/207
416 GBA 27/220
417 GBA 29/215
418 GBA 27/13
419 GBA 27/182
420 GBA 15/92
421 GBA 27/30
422 GBA 27/34
423 GBA 27/21
424 GBA 27/63
425 GBA 27/22
426 GBA 27/200
427 GBA 27/200
428 GBA 27/200
429 GBA 27/163
430 GBA 27/163
431 GBA 27/163
432 GBA 27/164
433 GBA 26/400
434 GBA 7/119
435 GBA 7/175
436 GBA 26/393
437 GBA 26/400
438 GBA 27/151
439 GBA 7/183
440 GBA 7/251
441 GBA 7/192
442 GBA 29/33
443 GBA 27/191
444 GBA 8/29
445 GBA 8/91 f.
446 GBA 27/224

447 GBA 27/250
448 Tagebuch Caspar Neher, 18. 11. 1947, zitiert nach Klaus Völker: Bertolt Brecht. Reinbek bei Hamburg 1988, S. 356
449 Max Frisch: Tagebuch 1946–1949, Frankfurt a. M. 1970, S. 285 f.
450 GBA 27/268
451 Berthold Viertel: Schriften zum Theater. München 1970, S. 265
452 GBA 27/280
453 GBA 27/281
454 GBA 27/280
455 Fritz Erpenbeck: Einige Bemerkungen zu Brechts «Mutter Courage». In: Die Weltbühne, 2/1949, S. 101
456 GBA 27/296
457 GBA 15/197

458 GBA 29/511 f.
459 Salzburger Nachrichten, 2. Oktober 1951; zitiert nach: Kurt Palm: Vom Boykott zur Anerkennung. Brecht und Österreich. Wien, München 1983, S. 83
460 Linzer Volksblatt, 12. Oktober 1951; zitiert nach: Palm: Vom Boykott zur Anerkennung, S. 83
461 GW 5/1742
462 GBA 23/402
463 GBA 8/371
464 GBA 15/249
465 GBA 15/253
466 GBA 23/225
467 GBA 12/311
468 GBA 12/312
469 GBA 30/184
470 GBA 30/178
471 GBA 27/346
472 GBA 12/310

473 GBA 12/310
474 GBA 12/308
475 GBA 12/312
476 GBA 27/196
477 GW 12/611
478 GBA 17/142
479 GBA 18/169
480 GBA 18/21
481 GBA 18/451
482 Brecht an die Assistenten; in: Manfred Wekwerth: Aufzeichnungen; Manfred-Wekwerth-Archiv, Berlin (privat), zitiert nach Werner Mittenzwei: Das Leben des Bertolt Brecht, Bd. 2, S. 397
483 GBA 27/306
484 GBA 27/330
485 GBA 15/268
486 GBA 27/293
487 GBA 30/473
488 GBA 30/342
489 GBA 15/300

1898   10. Februar: Geburt Bertolt Brechts (Berthold Eugen Friedrich Brecht) in Augsburg. Vater Berthold Brecht, Mutter Sophie, geb. Brezing

1908   Königlich Bayerisches Realgymnasium Augsburg.

1914   Das Stück *Die Bibel* erscheint in der Schülerzeitschrift «Die Ernte»; erste Gedichte und Kurzgeschichten in den «Augsburger Neuesten Nachrichten» unter dem Pseudonym Berthold Eugen.

1917   Notabitur; Immatrikulation an der Ludwig-Maximilians-Universität München.

1918   Niederschrift des *Baal*; Sanitätssoldat in einem Augsburger Reservelazarett.

1919   Arbeit an *Trommeln in der Nacht* (noch unter dem Titel *Spartakus*); Arbeit an den Einaktern (darunter *Die Hochzeit*); Geburt von Frank, Sohn Brechts und Paula Banholzers.

1920   Tod der Mutter; erste Berlin-Reise.

1921   Arbeit an *Im Dickicht der Städte*; Exmatrikulation; Bekanntschaft mit Arnolt Bronnen.

1922   Uraufführung *Trommeln in der Nacht* an den Kammerspielen München; Dramaturg an den Münchener Kammerspielen; Eheschließung mit Marianne Zoff in München; Kleist-Preis.

1923   Geburt von Hanne, Tochter Brechts und Marianne Zoffs; Uraufführung von *Im Dickicht* am Münchener Residenztheater; Uraufführung von *Baal* am Alten Theater in Leipzig; gemeinsame Arbeit mit Lion Feuchtwanger an *Leben Eduard des Zweiten von England*.

1924   Uraufführung von *Leben Eduard des Zweiten von England* an den Münchener Kammerspielen; Reise nach Capri und Positano;

Übersiedlung nach Berlin; Dramaturg am Deutschen Theater; Bekanntschaft mit Elisabeth Hauptmann; Geburt von Stefan, Sohn Brechts und Helene Weigels; Arbeit an *Mann ist Mann*.

1926   Uraufführung von *Mann ist Mann* am Landestheater Darmstadt; Uraufführung von *Die Hochzeit* (später *Die Kleinbürgerhochzeit*) am Schauspielhaus Frankfurt a. M.

1927   Zusammenarbeit mit Kurt Weill; Uraufführung des Songspiels *Mahagonny* im Rahmen der Musikwochen in Baden-Baden.

1928   Entstehung und Uraufführung der *Dreigroschenoper* am Theater am Schiffbauerdamm; Arbeit an *Aufstieg und Fall der Stadt Mahagonny*.

1929   Arbeit an *Der Lindberghflug* (später *Der Ozeanflug*); Eheschließung mit Helene Weigel; Bekanntschaft mit Walter Benjamin; Uraufführung der Lehrstücke *Der Lindberghflug* und des *Badener Lehrstücks vom Einverständnis* in Baden-Baden.

1930   Uraufführung von *Aufstieg und Fall der Stadt Mahagonny* am Opernhaus Leipzig; Arbeit an *Der Jasager; Die heilige Johanna der Schlachthöfe; Die Ausnahme und die Regel*; Geburt von Barbara, Brechts und Helene Weigels Tochter; Uraufführung des Lehrstücks *Die Maßnahme* in der Berliner Philharmonie.

1931   Arbeit an *Die Mutter*.

1932   Erste Begegnung mit Margarete Steffin; Uraufführung *Die Mutter* am Komödienhaus am Schiffbauerdamm; Verbot des Films *Kuhle Wampe*; Reise nach Moskau.

1933   28. Februar: Flucht aus Deutschland über Prag, Wien, Zürich, Paris nach Skovsbostrand (Dänemark); Uraufführung von *Sieben Todsünden der Kleinbürger* in Paris.

1934 Arbeit an *Die Rundköpfe und die Spitzköpfe* und *Die Horatier und die Kuratier*; Reise nach London.

1935 Arbeit an *Furcht und Elend des Dritten Reiches*; Reise nach Moskau; Aberkennung der deutschen Staatsbürgerschaft; Teilnahme am Schriftstellerkongress zur Verteidigung der Kultur in Paris; Reise nach New York; Premiere von *Die Mutter* in New York.

1936 Reise nach London; Arbeit an dem Film *Bajazzo*; Uraufführung von *Die Rundköpfe* in Kopenhagen.

1937 Entstehung und Uraufführung von *Die Gewehre der Frau Carrar* in Paris.

1938 Arbeit an dem Roman *Die Geschäfte des Herrn Julius Caesar*; Uraufführung von *Furcht und Elend* in Paris; *Svendborger Gedichte*; Arbeit an *Galilei*.

1939 Arbeit an *Messingkauf* und an *Der gute Mensch von Sezuan*; Übersiedlung nach Stockholm; Arbeit an *Mutter Courage und ihre Kinder*.

1940 Übersiedlung nach Helsinki; Arbeit an *Herr Puntila und sein Knecht Matti* und an *Flüchtlingsgespräche*.

1941 Arbeit an *Der aufhaltsame Aufstieg des Arturo Ui*; Uraufführung von *Mutter Courage* in Zürich; Übersiedlung nach Amerika über Moskau, Tod von Margarete Steffin.

1942 Haus in Pacific Palisades; Arbeit an einem Film über das Heydrich-Attentat mit Fritz Lang (Hangmen Also Die!); Arbeit an *Hollywood-Elegien*; Zusammenarbeit mit Lion Feuchtwanger an dem Stück *Die Gesichte der Simone Machard*.

1943 Uraufführung von *Der gute Mensch von Sezuan* in Zürich; zwei lange New-York-Aufenthalte; Arbeit an *Schweyk*; Uraufführung von *Leben des Galileo* in Zürich;

Brechts Sohn Frank fällt an der Ostfront.

1944 Arbeit an *Der kaukasische Kreidekreis*; Bekanntschaft mit Charles Laughton; Geburt und Tod des Kindes von Brecht und Ruth Berlau.

1945 Premiere von *Furcht und Elend des Dritten Reiches* in New York.

1947 Premiere des *Galileo* in Hollywood; Verhör vor dem Ausschuss für «unamerikanische Umtriebe»; Rückkehr nach Europa, Aufenthalt in Paris und Zürich.

1948 Uraufführung der Antigone-Bearbeitung in Chur; Uraufführung des *Puntila* in Zürich; Arbeit an *Kleines Organon für das Theater*; Reise nach Berlin.

1949 Deutsche Erstaufführung der *Courage* am Deutschen Theater Berlin; Arbeit an *Tage der Commune*; Premiere des Berliner Ensembles mit *Puntila*.

1950 Österreichische Staatsbürgerschaft; *Courage*-Premiere in München.

1951 DDR-Nationalpreis I. Klasse.

1952 Erwerb eines Hauses in Buckow.

1953 Zum Aufstand am 17. Juni schickt Brecht einen Brief an Ulbricht, von dem nur der letzte Satz veröffentlicht wird; Arbeit an *Turandot oder der Kongreß der Weißwäscher*.

1954 Das Berliner Ensemble bezieht das Theater am Schiffbauerdamm.

1955 Arbeit an Szenen für das Stück *Einstein*, Reise nach Moskau, Entgegennahme des Stalin-Preises.

1956 Charité-Aufenthalt; 14. August: Tod infolge eines Herzinfarkts; 17. August: Beisetzung auf dem Dorotheenstädtischen Friedhof.

ZEUGNISSE

Herbert Ihering
Der vierundzwanzigjährige Dichter Bert Brecht hat über Nacht das dichterische Antlitz Deutschlands verändert. Mit Bert Brecht ist ein neuer Ton, eine neue Melodie, eine neue Vision in der Zeit. [...] Brecht empfindet das Chaos und die Verwesung körperlich. Daher die beispiellose Bildkraft seiner Sprache. Diese Sprache fühlt man auf der Zunge, am Gaumen, im Ohr, im Rückgrat. Sie läßt Zwischenglieder weg und reißt Perspektiven auf. Sie ist brutal sinnlich und melancholisch zart. Gemeinheit ist in ihr und abgründige Trauer. Grimmiger Witz und klagende Lyrik. Brecht sieht den Menschen. Aber immer in seiner Wirkung auf den anderen Menschen. Niemals steht bei ihm eine Gestalt isoliert. Seit langem hat es in Deutschland keinen Dichter gegeben, der so voraussetzungslos die tragischen Notwendigkeiten hatte: die Verknüpfung der Schicksale, die Einwirkung der Menschen aufeinander.
Kritik, 5. 10. 1922

Max Frisch
Die Faszination, die Brecht immer wieder hat, schreibe ich vor allem dem Umstand zu, dass hier ein Leben wirklich vom Denken aus gelebt wird. Einem überragenden Talent gegenüber, was Brecht nebenbei auch ist, im Augenblick wohl das größte in deutscher Sprache, kann man sich durch Bewunderung erwehren. [...] Seine Haltung, und bei Brecht ist es wirklich eine Haltung, die jede Lebensäußerung umfasst, ist die tägliche Anwendung jener denkerischen Ergebnisse, die unsere gesellschaftliche Umwelt als überholt, in ihrem gewaltsamen Fortdauern als verrucht zeigen, sodass diese Gesellschaft nur als Hindernis, nicht als Maßstab genommen werden kann.
Tagebuch, 1948

Lion Feuchtwanger
Deutschland hat viele große Sprachmeister. Sprachschöpfer hatte es in diesem zwanzigsten Jahrhundert einen einzigen: Brecht. Brecht hat bewirkt, daß die deutsche Sprache heute Spürungen und Gedanken ausdrücken kann, die sie, als Brecht zu dichten anfing, nicht auszusagen vermochte
Bertolt Brecht, 1957

Arthur Miller
Brecht war ein durch und durch gewöhnlicher Ideologe, doch ein herausragender Künstler. In jenen Werken, in denen die politische Dringlichkeit seine Hand packte, ist das Ergebnis bereits anachronistisch und von höchstens historischem Interesse. Dennoch ist jeder Künstler für zumindest eines in Brechts Schuld – er zerrte das politische Leben ins Reich der Ästhetik, machte die Gesellschaft selbst zum notwendigen Teil des künstlerischen Materials und erweiterte und veredelte damit den Rahmen unserer zeitgenössischen dramatischen Kunst.
Was halten Sie von Bertolt Brecht? Zum hundertsten Geburtstag, 1998

Harold Pinter
Brechts Ansehen hatte wohl darunter gelitten, daß er auf der «falschen Seite» stand. Die Wahrheit ist, daß er ein Dramatiker von immenser Statur und Vollendung war. Ich bewundere seinen stählernen Verstand, die Stärke seines Witzes, die Kraft und Spannweite seiner Erfindungsgabe. Auch hat er uns ein lyrisches Werk von hoher Vollkommenheit und Klarheit geschenkt.
Was halten Sie von Bertolt Brecht? Zum hundertsten Geburtstag, 1998

Lars Gustafsson

Von all den überraschend vielen unbehaglichen literarischen Figuren, die dieses Jahrhundert hervorgebracht hat, kenne ich keinen, der mir so unmittelbar und selbstverständlich unsympathisch ist wie Bertolt Brecht. Sein literarisches Schmarotzertum, seine blinde Bewunderung für die Gewalt, seine seltsamen Karrieremethoden und seine Art, mit der Wahrheit umzugehen, verleihen ihm eine Sonderstellung. Er bringt es fertig, daß im Vergleich zu ihm sich Céline oder Malraux richtig menschlich ausnehmen.
Was halten Sie von Bertolt Brecht?
Zum hundertsten Geburtstag, 1998

Bernhard Minetti

Der wesentliche Brecht ist der junge, frühe Brecht. Der Bertolt Brecht meiner Jugend in den zwanziger Jahren. Starke, prägende, entscheidende Eindrücke auf den jungen Schauspieler damals: «Trommeln in der Nacht», «Baal», «Im Dickicht der Städte». Weit gespannt. Frisch wie eh und je. Bis an die Grenzen gehend und darüber hinaus. Was später an Dramatischem kam, gelungen oder nicht, berührt weniger. Der frühe Brecht bleibt. Und vor allem: seine Lyrik. Von seinen Stücken sind für mich «Fatzer», «Der Jasager», «Die Mutter» und der «Puntila» die wertvollsten. Brechts Theaterarbeit für Berlin und das BE sind für mich unvergeßlich.
Was halten Sie von Bertolt Brecht?
Zum hundertsten Geburtstag, 1998

Hans-Jürgen Syberberg

Was ihn, den tätigen Theatermann als Autor-Regisseur und Intendanten, den eigentlichen des Ensembles, vorbildlich und unerreicht macht, ist, unabhängig von verpflichtender Übertragbarkeit seiner ästhetischen Lehre, der geistige und poetische Kosmos einer Vision. Hier der realistisch praktizierten, eigenen Sprachgestalt, des kargen Raums mit unverwechselbarem Licht der Einfachheit und solcher der Kleider, der distanzierenden Gedankenbewegungen mit Lutherschem Gleichnischarakter und der Durchsichtigkeit aller Absichten bis in die Freuden der List, die immer dabei war. Selbst wenn diese Welt der Kunst nicht übertragbar ist auf das Leben und die Kunst der anderen und historisch nun: es war ein eigenes Welt-Modell und trotz des Rechts seiner Genialität weniger terroristisch als jene aggressiven Aufklärungsmythen der Achtundsechziger-Nachkommen im Westen.
Was halten Sie von Bertolt Brecht?
Zum hundertsten Geburtstag, 1998

AUSWAHL-BIBLIOGRAPHIE

Die Literatur über Leben und Werk Brechts ist kaum überschaubar. Das folgende Verzeichnis bietet nur eine knappe Auswahl. Für weiterführende Angaben sei auf die Bibliographien verwiesen.

Bibliographien, Handbücher

Berg, Günther; Jeske, Wolfgang: Bertolt Brecht. Stuttgart, Weimar 1998

Brecht-Handbuch in fünf Bänden. Hg. von Jan Knopf. Stuttgart, Weimar 2001–2005

Hecht, Werner: Brecht-Chronik: 1998–1956. Frankfurt a. M. 2003

Knopf, Jan: Brecht-Handbuch. Theater. Stuttgart 1980

–: Brecht-Handbuch. Lyrik, Prosa, Schriften. Mit einem Anhang Film. Stuttgart 1984, 1986

Werke

Große kommentierte Berliner und Frankfurter Ausgabe. Hg. von W. Hecht, J. Knopf, W. Mittenzwei, K.-D. Müller, bearbeitet von Grete Berg u. a. Berlin, Weimar, Frankfurt a. M. 1988–1998

Gesammelte Werke. Hg. vom Suhrkamp Verlag in Zusammenarbeit mit Elisabeth Hauptmann, Frankfurt a. M. 1967

Biographisches

Barth, Achim: Der frühe Bertolt Brecht. 5 Bde. Beckingen 1991/92

Berlau, Ruth: Brechts Lai-tu. Erinnerungen und Notate. Hg. von Hans Bunge. Darmstadt 1965

Brecht, Walter: Unser Leben in Augsburg, damals. Erinnerungen. Frankfurt a. M. 1984

Bronnen, Arnolt: Tage mit Bertolt Brecht. München 1998

Der junge Brecht: Aspekte seines Denkens und Schaffens. Hg. von Helmut Gier, Jürgen Hillesheim. Würzburg 1996

Eisler, Hanns: Fragen Sie mehr über Brecht. Gespräche mit Hans Bunge. Darmstadt 1986

Engberg, H.: Brecht auf Fünen. Exil in Dänemark 1933–1939. Wuppertal 1974

Ewen, Frederic: Bertolt Brecht. Hamburg 1970; Frankfurt a. M. 1984

Frisch, Max: Erinnerungen an Brecht. Berlin 1968

Frisch, Werner; Obermeier, K.W.: Brecht in Augsburg. Erinnerungen, Dokumente, Texte, Fotos. Berlin, Weimar 1975; Taschenbuch: Berlin 1998

Fuegi, John: Brecht & Co. Biographie. Hamburg 1997; Berlin 1999

Häntzschel, Hiltrud: Brechts Frauen. Reinbek bei Hamburg 2003

Haymann, Ronald: Bertolt Brecht. Der unbequeme Klassiker. München 1998

Kebir, Sabine: Ich fragte nicht nach einem Anteil: Elisabeth Hauptmanns Arbeit mit Bertolt Brecht. Berlin 1997

Lahann, Birgit: Bertolt Brecht. Vom jungen Wilden zum Klassiker. Hamburg 1999

Lattmann, Dieter: Kennen Sie Brecht? Stationen seines Lebens. Stuttgart 1993

Lyon, James: Bertolt Brecht in Amerika. Frankfurt a. M. 1984

Mayer, Hans: Erinnerung an Brecht. Frankfurt a. M. 1996

Mittenzwei, Werner: Das Leben Bertolt Brechts oder Der Umgang mit den Welträtseln. 2 Bde. Weimar 1986; Taschenbuch 2 Bde., Berlin 1997

Sternberg, Fritz: Der Dichter und die Ratio. Erinnerungen an B. Brecht. Göttingen 1963

Völker, Klaus: Bertolt Brecht. München u. a. 1976; Reinbek bei Hamburg 1988

Wekwerth, Manfred: Brecht? Berichte, Erfahrungen, Polemik. München 1976

Untersuchungen zum Werk

Benjamin, Walter: Versuche über Brecht. Frankfurt a. M. 1978

Bertolt Brecht. Epoche – Werk – Wirkung. Hg. von Klaus-Detlef Müller. München 1985

Bertolt Brecht. Aspekte seines Werkes, Spuren seiner Wirkung. Hg. von Helmut Koopmann, Theo Stammen. München 1994

Bohnert, Christiane: Brechts Lyrik im Kontext. Zyklen und Exil. Königstein 1982

Boie-Grotz, K.: Brecht, der unbekannte Erzähler. Die Prosa 1913–1934. Stuttgart 1978

Chiarini, Paolo: Brecht e la dialettica del paradosso. Milano 1969

Claas, Herbert: Die politische Ästhetik Bertolt Brechts vom Baal zum Caesar. Frankfurt a. M. 1977

Dümling, A.: «Laßt Euch nicht verführen». Brecht und die Musik. München 1985

Esslin, Martin: Das Paradox des politischen Dichters. Frankfurt a. M. 1962

Fischer, Matthias Johannes: Brechts Theatertheorie. Frankfurt a. M. 1989

Funke, Christoph: Zum Theater Brechts. Berlin 1990

Giese, Peter Christian: Das «Gesellschaftlich-Komische». Zu Komik und Komödie am Beispiel der Stücke und Bearbeitungen Brechts. Stuttgart 1974

Grimm, Reinhold: Bertolt Brecht. Die Struktur seines Werkes. Nürnberg 1972

Hartung, Günter: Der Dichter Bertolt Brecht: Zwölf Studien. Leipzig 2004

Hecht, Werner: Brechts Weg zum epischen Theater. Berlin 1962

Heinze, Helmut: Brechts Ästhetik des Gestischen. Heidelberg 1992

Herrmann, Hans Chr.: Sang der Maschinen. Brechts Medienästhetik. München 1996

Hill, Claude: Bertolt Brecht. München 1978

Hillesheimer, Jürgen: «Ich muß immer dichten». Zur Ästhetik des jungen Brecht. Würzburg 2005

Hinck, Walter: Die Dramaturgie des späten Brecht. Göttingen 1977

Hundert Jahre Brecht – Brechts Jahrhundert? Hg. von Hans-Jörg Knobloch, Helmut Koopmann. Tübingen 1998

Jaretzky, Reinhold: «Der Jasager und der Neinsager». Frankfurt a. M. 1991

Jendreiek, Helmut: Bertolt Brecht. Drama der Veränderung. Düsseldorf 1973

Kesting, Marianne: Brecht. 41. Auflage, Reinbek bei Hamburg 2003

–: Das epische Theater. Stuttgart 1978

Klotz, Volker: Bertolt Brecht. Versuch über das Werk. Würzburg 1996

Mayer, Hans: Brecht in der Geschichte. Drei Versuche. Frankfurt a. M. 1971

Mennemeier, Franz Norbert: Bertolt Brechts Lyrik. Berlin 1998

Müller, Hans-Harald; Kindt, Tom: Brechts frühe Lyrik. Brecht, Gott, die Natur und die Liebe. München 2002

Müller, Klaus-Detlef: Die Funktion der Geschichte im Werk Bertolt Brechts. Studien zum Verhältnis von Marxismus und Ästhetik. Tübingen 1972

Pietzcker, Carl: «Ich kommandiere mein Herz». Brechts Herzneurose – ein Schlüssel zu seinem Leben und Schreiben. Würzburg 1988

Schöttker, Detlev: Bertolt Brechts Ästhetik des Naiven. Stuttgart 1989

Steinweg, Reiner: Das Lehrstück. Stuttgart 1976

–: Lehrstück und episches Theater. Frankfurt a. M. 1995

Voigts, Manfred: Brechts Theaterkonzeptionen. München 1977

ÜBER DEN AUTOR

Reinhold Jaretzky, Dr. phil., geboren 1952 in Quakenbrück (Niedersachsen), lebt in Berlin. Studium der Literaturwissenschaft in Marburg und Hamburg. Von 1985 bis 1990 Lektor für deutsche Sprache und Literatur an der Universität «La Sapienza» in Rom. Dozent für Dokumentarfilm an der Filmschule Bozen seit 1994; Autor, Regisseur und Produzent zahlreicher Fernsehdokumentationen, u. a. über Friedrich Nietzsche, Richard Wagner, Umberto Eco. Ständiger Mitarbeiter der TV-Kulturmagazine «Kulturzeit», «Kulturreport», «Aspekte». Aufsatz- und Buchveröffentlichungen u. a. zu Franz Mehring, Elias Canetti und Bertolt Brecht («Der Jasager und der Neinsager», Frankfurt a. M. 1991). In der Reihe «rowohlts monographien» veröffentlichte er 1984 den Band über Lion Feuchtwanger.

DANKSAGUNG

Diese Biographie verdankt einen bedeutenden Teil seiner Erkenntnisse herausragenden Werken der Brecht-forschung, zuallererst der kommentierten Berliner und Frankfurter Werkausgabe, den von Jan Knopf herausgegebenen zweibändigen und fünfbändigen Brecht-Handbüchern, den Brecht-Biographien von Klaus Völker und Werner Mittenzwei, der psychoanalytischen Brecht-Studie von Carl Pietzcker und der Brecht-Chronik von Werner Hecht. Astrid Heuer danke ich für die sprachliche und formale Durchsicht des Manuskripts.